Les profs ont peur

Du même auteur

Comment on a laissé l'islamisme pénétrer l'école, Hermann, 2020. Prix Jean-Zay 2021-2022.

Les Religions, l'école et la laïcité (dir.) (préface de Dominique Schnapper), Hachette, 2019.

La Condition enseignante, Éditions universitaires européennes, 2018.

La Prise de décision en situation complexe (dir.), Hachette, 2016.

20 situations réelles de vie scolaire, Hachette, 2013 (avec Chantal Daux-Garcia).

Être enseignant aujourd'hui, Hachette, 2011.

La Carte scolaire, Presses universitaires de France, « Que sais-je ? », 2008 (avec Agnès Van Zanten).

Les Nouvelles Dispositions de la carte scolaire, La Documentation française, 2007 (avec Christian Peyroux).

Les Signes et manifestations d'appartenance religieuse dans les établissements scolaires, La Documentation française, 2004 (avec neuf autres inspecteurs généraux).

Attirer, former et retenir des enseignants de qualité, La Documentation française, 2004 (avec Françoise Cros).

Enseigner, un métier pour demain, La Documentation française, 2003.

L'École contre la violence, Canopé Lyon, 2003.

Questions pour l'éducation civique, Hachette, 2000.

Piloter un établissement scolaire, De Boeck Université, 2000 (avec Francis Tilman, Nouria Ouali et Monica Gather-Thurler).

Suite à la fin d'ouvrage

Jean-Pierre Obin

Les profs ont peur

Éditions de L'Observatoire

ISBN : 979-10-329-2986-5
Dépôt légal : 2023, octobre

170 *bis*, boulevard du Montparnasse, 75014 Paris

À la mémoire de Samuel Paty

Introduction

La fabrique de l'autocensure

« Oui, monsieur le président, je viens de faire un cours sur Hitler et le nazisme sans parler des Juifs. C'est vrai, mais comprenez-moi, je n'ai pas envie de retrouver ma voiture vandalisée comme la dernière fois. Je dois être prudent, j'ai une femme et des enfants. » Le président de Région qui nous rapporte ces propos était allé passer une journée dans un lycée et avait notamment souhaité assister à un cours d'histoire. « Je ne l'ai pas regretté ! » ironise-t-il avant de tirer la leçon de cette anecdote : « Je ne veux pas jeter la pierre à ce prof, il n'est tout de même pas responsable de cette situation. »

Quand on est professeur, on ne décide pas de gaieté de cœur de se censurer, de ne pas traiter un sujet du programme, de ne pas relever les propos antisémites d'un élève, d'accepter dans sa classe, sans rien dire, des tenues vestimentaires indiquant une appartenance religieuse, ou encore de permettre que des élèves ne participent pas à une activité sportive, artistique ou musicale obligatoire au motif de leur religion. Et même si parfois, pour la galerie, on enrobe ces abandons de convictions idéologiques libertaires ou victimaires, au fond de soi on n'en est pas très fier et, très généralement, on préfère taire à son entourage ces petits ou grands renoncements.

Tout cela n'est pas nouveau. Dès 2004, un rapport de l'inspection générale de l'Éducation nationale alertait le ministre de la dynamique à l'œuvre dans certains établissements de nos quartiers populaires : « Devant l'abondance des contestations et une parole débridée des élèves qu'ils ne parviennent pas à maîtriser, la réaction la plus répandue des enseignants est sans doute l'autocensure. La peur des élèves, une mauvaise expérience d'une première année d'enseignement, et on décide de ne pas aborder telle question sensible du programme. Cette attitude est sans doute largement sous-estimée, car les intéressés n'en parlent qu'avec réticence[1]. » Mais cela ne concernait à l'époque qu'un petit nombre d'établissements, une soixantaine de lycées et de collèges, et l'on ne disposait pas d'étude quantitative de la question. Ce n'est plus le cas aujourd'hui et le paysage dessiné par plusieurs enquêtes auprès d'enseignants et d'élèves – en particulier la plus récente, qui date de décembre 2022 – se révèle particulièrement sombre et inquiétant.

Qu'on en juge : quatre enseignants sur cinq disent avoir peur d'affronter des situations potentiellement conflictuelles avec certains élèves, en rapport avec leurs convictions religieuses. Et plus d'un sur deux déclare s'être déjà censuré par peur d'incidents. Aucun ordre d'enseignement, aucune discipline, aucun niveau, aucun territoire n'est désormais épargné. Les plus éprouvés sont les professeurs les plus jeunes, ceux qui travaillent en éducation prioritaire, ceux de l'enseignement secondaire public et en particulier ceux qui enseignent

1. Jean-Pierre Obin (dir.), *Les Signes et manifestations d'appartenance religieuse dans les établissements scolaires*, rapport au ministre de l'Éducation nationale, La Documentation française, 2004.

l'histoire et l'éducation morale et civique. Ceux-là sont près des deux tiers à s'être déjà censurés. Et le phénomène s'accélère : dans le secondaire public, la proportion d'enseignants qui se censurent a fait un bond de 20 points entre 2018 et 2022. Entre ces deux dates, pour la première fois dans notre histoire, un professeur a été assassiné pour l'enseignement qu'il donnait à ses élèves, avec la complicité de certains d'entre eux. C'est là un événement considérable, qui marque en profondeur le corps enseignant – et sans doute pour longtemps – comme l'attestent la plupart des témoignages recueillis dans ce livre.

Cette situation est totalement inédite pour l'école française et on n'en mesure sans doute pas toutes les répercussions, notamment sur le recrutement des professeurs – déjà en berne –, sur leurs pratiques pédagogiques, sur leurs relations éducatives avec les élèves, sur leurs rapports avec les parents et avec leur hiérarchie. Et bien entendu sur la société de demain, celle qui est en germe dans l'école d'aujourd'hui. Les enseignants français se sont sans doute déjà censurés à d'autres périodes de l'histoire, on pense à celle de Vichy et de l'Occupation, mais c'était avec d'autres peurs et pour d'autres raisons qui n'ont rien à voir avec celles d'aujourd'hui et n'impliquaient en rien le cœur même de leur profession : la relation avec leurs élèves.

Avant de faire un tableau plus complet de ces peurs et des renoncements qui en sont la conséquence, il faut tenter de comprendre le contexte dans lequel ils se développent et prospèrent depuis une trentaine d'années, précisément depuis le surgissement de l'islamisme militant dans un collège de Creil, en 1989. C'est celui d'une démission générale de la classe politique devant cette idéologie, à de rares exceptions près : Jacques

Chirac et sa loi de mars 2004 sur les signes religieux portés par les élèves, Manuel Valls et sa « grande mobilisation pour les valeurs de la République » après les attentats de janvier 2015, Jean-Michel Blanquer avec son plan de formation à la laïcité de l'ensemble des enseignants en 2021.

Cette histoire a déjà été contée dans un livre[1], on n'y reviendra pas ici, mais le dernier épisode de ces atermoiements politiques mérite d'être relaté, tant il est représentatif des préjugés faussement rassurants, du manque de lucidité et du peu de courage qui ont globalement présidé à ces trente dernières années, et tant il éclaire – à sa manière – l'ensemble des faits évoqués et des analyses développées dans cet ouvrage.

À la fin du mois d'août 2022, une note confidentielle du Comité interministériel pour la prévention de la délinquance et de la radicalisation (CIPDR) – un service rattaché au ministère de l'Intérieur – alerte le ministère de l'Éducation nationale. Durant le printemps, période marquée par une vacance prolongée du pouvoir due à une longue séquence électorale, les incidents se sont multipliés dans les établissements scolaires. La note évoque la recrudescence d'encouragements aux élèves musulmans à porter des vêtements marquant leur appartenance religieuse. Sur les réseaux sociaux, y lit-on, en particulier Twitter et TikTok, de jeunes influenceurs « appartenant à la mouvance islamiste » appellent à la prière dans les établissements, invitent à pratiquer un chantage à la photo sur des jeunes filles musulmanes non voilées, poussent aux conflits entre les élèves et le personnel éducatif, et invitent les élèves

1. Jean-Pierre Obin, *Comment on a laissé l'islamisme pénétrer l'école*, Hermann, 2020.

à témoigner de l'« islamophobie » du système scolaire. Ces messages et vidéos visent parfois nommément des professeurs et peuvent déboucher sur des menaces directes. La substance de cette alerte est reprise par le ministère de l'Éducation nationale dans une simple note d'information aux recteurs d'académie, elle aussi confidentielle et sans consigne d'action, datée du 1er septembre 2022. Un seul recteur, celui de Dijon, lui-même préfet et ancien secrétaire général du CIPDR, relaie ces informations dans une courte note adressée aux directeurs d'école et aux chefs d'établissement, avec consigne de faire remonter les incidents au rectorat. Il se murmure qu'on lui en a tenu grief au ministère...

Interrogé au Sénat le 12 octobre, à l'occasion de l'examen de son budget, sur le « manque de cadre précis pour les chefs d'établissement face aux violations de la loi de 2004 », le ministre assure que l'Éducation nationale va « vérifier, relancer et préciser les choses en matière de sanctions, qui peuvent aller jusqu'à l'exclusion définitive de l'élève ». Le 13 octobre, nouveau signal d'alarme actionné par le ministère de l'Intérieur, émanant cette fois-ci du Service central des renseignements territoriaux (SCRT, les anciens Renseignements généraux) : « Les premières tendances observées depuis la rentrée de septembre s'inscrivent dans la continuité de la précédente année scolaire et ne semblent pas prendre la voie de l'apaisement [...]. La plupart des atteintes concernent le port de vêtements islamiques (voile islamique, jupes longues dites "abayas") par des adolescentes [...]. De plus en plus d'établissements scolaires sont confrontés à des groupes d'adolescentes qui semblent suivre des stratégies coordonnées. » La note met en avant différents exemples, dont une vingtaine de jeunes filles qui font pression sur leurs enseignants à Montauban pour le « droit au port du voile » en classe. D'autres incidents sont évoqués à Agen, Noyon et Joué-lès-Tours. La critique de l'inaction du ministère de l'Éducation nationale se fait explicite lorsque la note dénonce une « doctrine d'évaluation individuelle [de ces situations], au cas par cas et mal acceptée par les enseignants et les chefs d'établissement », ainsi que des « personnels éducatifs souvent désemparés ».

Le 17 octobre, deux jours après la commémoration de l'assassinat du professeur Samuel Paty, devant la réticence évidente de son collègue à agir et ses propos dilatoires, le ministre de l'Intérieur décide de lui forcer la main par une instruction envoyée aux préfets sur la « conduite à tenir en cas de port de vêtements religieux par destination en milieu scolaire ». Et pour bien souligner la nature d'une démarche dont il est seul à l'initiative, le ministre a ajouté quelques mots perfides de sa main avant de signer ce texte : « Nous sommes, avec le ministre de l'Éducation nationale, très attentifs à ce sujet » !

Il faut néanmoins plusieurs semaines (l'administration centrale de l'Éducation nationale est une lourde machine...) pour qu'une circulaire soit diffusée dans les académies, le 9 novembre[1]. Ce texte très technique, conçu par la direction des affaires juridiques du ministère, ne comporte pas moins de six annexes procédurales. Il n'apporte rien de nouveau par rapport au cadre préexistant, largement diffusé par le ministre précédent sous la forme du vade-mecum « La laïcité à l'école » ; et, surtout, il ne donne à lire aucune analyse politique de la situation, ce qu'on aurait pu attendre

1. Circulaire relative au plan laïcité dans les écoles et les établissements scolaires, MENJS, 9 novembre 2022.

d'un ministre. Enfin, la circulaire laisse toujours les chefs d'établissement devant le même dilemme : avoir à juger du caractère religieux d'une tenue vestimentaire en se fondant sur l'évaluation d'un contexte *local*, alors même que tout indique – et que les notes du ministère de l'Intérieur affirment – qu'il s'agit d'une offensive islamiste *nationale*, les mettant ainsi en difficulté, éventuellement en danger, et les poussant à la prudence, autrement dit à l'inaction.

Six mois se sont alors écoulés depuis le début de la campagne islamiste sur les réseaux sociaux et l'impression reste d'un ministre pusillanime et mal à l'aise avec la laïcité, qui a commencé par fuir ses responsabilités avant de les assumer à contrecœur, *a minima*, et l'épée du ministre de l'Intérieur dans les reins.

Comment demander aux enseignants de s'exposer et aux chefs d'établissement de prendre leurs responsabilités en sanctionnant les élèves qui transgressent la loi, alors que soi-même on hésite, on tergiverse et, finalement, on se défausse ? Cette pusillanimité de leur institution constitue certainement l'une des causes de la peur et de l'autocensure croissantes des enseignants. Mais ce n'est pas la seule, comme le montrent les résultats des enquêtes, les témoignages et les analyses qui suivent.

1

Des cours perturbés, des règles transgressées

Sur le terrain, le dernier épisode des atermoiements ministériels a rendu les courageux plutôt hésitants, les prudents… encore plus prudents et la plupart très amers. Mis sur le gril par les médias, le ministère parle de quelques centaines d'« atteintes à la laïcité et aux valeurs de la République » décomptées chaque mois, peu de choses au regard des douze millions d'élèves. On verra plus loin ce qu'il faut penser de ces chiffres. Mais regardons d'abord ce que recouvre concrètement, dans les classes de nos écoles, de nos collèges et de nos lycées, cette dénomination administrative. On dispose sur ce point de trois études auprès des professeurs, datant de 2018, 2020 et 2022, très largement convergentes et grâce auxquelles on est aujourd'hui capables de dresser un tableau très précis de ces fameuses « atteintes[1] ». On s'appuie principalement ici sur l'enquête la plus récente et la plus complète, celle publiée en décembre 2022 et février 2023, qui embrasse les enseignants du primaire comme du secondaire, de

1. *Les contestations de la laïcité, les difficultés rencontrées et leurs évolutions*, Ifop pour le Cnal, mars 2018 ; François Kraus et Iannis Roder, *Les enseignants de France face aux contestations de la laïcité et au séparatisme*, Ifop et Fondation Jean-Jaurès, janvier 2021 ; François Kraus, *Les Enseignants face à l'expression du fait religieux à l'école et aux atteintes à la laïcité*, Ifop pour Écran de veille, décembre 2022 et février 2023.

l'enseignement public comme des établissements privés sous contrat (qui représentent l'énorme majorité de l'enseignement privé). L'enquête relève trois types de faits problématiques : les « contestations d'enseignements » dans la classe, les « atteintes à la laïcité durant la vie scolaire » et les « menaces et agressions contre des enseignants ».

Des enseignements contestés

Près de six professeurs sur dix déclarent avoir connu au moins une contestation de cours dans leur carrière, dont la moitié depuis septembre 2021. Ils sont à peine plus nombreux dans le seul enseignement public, ce qui atteste la propagation de ces incidents dans l'enseignement privé. De plus, et contrairement à ce que l'on pourrait croire, l'enseignement primaire n'est nullement épargné : un quart des « instits » déclarent avoir observé au moins une contestation de leur enseignement depuis la rentrée de 2021.

Les plus fréquentes – c'est une surprise – n'affectent pas l'enseignement d'une discipline mais l'enseignement des valeurs. L'égalité entre les hommes et les femmes, la mixité, la laïcité, la liberté de l'orientation sexuelle sont particulièrement vilipendées. Les enseignements disciplinaires n'arrivent qu'en seconde position, l'histoire-géographie en tête suivie par les sciences de la vie et de la Terre, l'éducation physique et sportive, les lettres et la philosophie, enfin l'éducation artistique et musicale. On reviendra sur cette particularité. Seconde observation : on note très clairement une accélération des contestations. Le nombre d'incidents observés depuis septembre 2021 (soit quatre trimestres scolaires) est en effet à peine inférieur à celui observé avant cette date, depuis le début de la carrière. Quant au nombre de contestations sur le seul premier trimestre 2022-2023, il représente environ les deux tiers de celui observé pendant toute l'année scolaire précédente.

Enfin, si l'on regarde plus finement les données détaillées fournies par l'étude, on discerne trois catégories de professeurs particulièrement victimes de ces contestations : ceux qui travaillent dans les quartiers défavorisés de l'éducation prioritaire, ceux qui enseignent l'histoire-géographie et enfin les enseignants de moins de 30 ans. Dans ces trois cas, ce sont alors les *deux tiers des professeurs* qui disent avoir affronté au moins une fois une contestation de cours. Voici le témoignage de l'un d'entre eux.

Sonia et la liberté d'expression

Sonia est historienne de formation, elle est professeure de lettres-histoire en lycée professionnel. Elle a 35 ans et enseigne depuis treize ans après avoir été quelques années assistante d'éducation (surveillante). Le lycée où elle exerce, implanté dans une grande ville de province, est orienté vers les métiers du tertiaire. Son recrutement se fait essentiellement dans les collèges des quartiers défavorisés de la ville (classés REP, réseau d'éducation prioritaire). Selon Sonia, il y aurait dans son lycée environ 90 % d'élèves musulmans.

Elle raconte : « En cours d'histoire ou d'éducation morale et civique (EMC), trois sujets sont devenus très délicats à traiter : la liberté d'expression, l'antisémitisme avec notamment l'histoire de la Shoah, et l'homophobie. C'est là que j'entends les propos les plus violents : "Les homosexuels, ce sont des animaux, des malades mentaux..." Sur la liberté d'expression, j'ai voulu utiliser des documents marquant l'évolution des limites du permis et de l'interdit en France, notamment un dessin de presse antisémite de l'entre-deux-guerres. Une élève tient alors des propos violemment antisémites. Je la reprends en lui disant que ce qu'elle dit tombe sous le coup de la loi. Elle se tourne alors vers ses camarades : "La prof, je vais lui faire la misère." Effectivement, le cours d'après, elle se lève et commence à faire sa prière. Je l'ai exclue du cours et j'ai fait un rapport, mais je ne sais pas si elle a été sanctionnée. Sur ces sujets, je vais maintenant en cours avec appréhension. Je me demande à qui ils vont peut-être raconter des choses en dehors. Je crois que je ne traiterai plus la liberté d'expression, ça me fait trop penser à ce qui est arrivé à Samuel Paty.

Avec les collègues on échange souvent en salle des professeurs sur ce qu'on fait encore ou ce qu'on ne fait plus, en fonction du sujet abordé et du profil de la classe. Certains ont renoncé à enseigner la laïcité. Les professeurs d'éducation physique et sportive (EPS) ont tous renoncé à la natation, et en sport ils tolèrent maintenant toutes les tenues, y compris la tenue de ville, certains élèves ne se changent plus. C'est clair que l'autocensure augmente avec les années. Moi j'ai peur, je pense à Samuel Paty. Mais sur la laïcité je ne renoncerai pas. »

Le ministre Blanquer avait été alerté du développement de ces formes d'autocensure dès 2019 par un rapport de l'inspection générale qui évoquait à plusieurs reprises les « évitements » de certaines parties des programmes par des enseignants, en particulier dans l'enseignement professionnel. Les auteurs rapportaient notamment cet aveu d'une professeure d'économie et gestion : « Avec certains élèves de CAP[1], il y a des parties du programme que l'on n'aborde pas, par exemple le contrat de travail, car c'est un sujet sensible [...]. On n'aborde pas la discrimination entre filles et garçons. Des élèves trouvent normal qu'il y ait une discrimination... Je pense que ce n'est pas

1. CAP : certificat d'aptitude professionnelle.

la peine de parler de ces problèmes, pour éviter des tensions[1]... »

Des règles de la vie scolaire contestées et transgressées

Second volet de l'enquête, les principales situations de contestation et de revendication religieuse de certains élèves concernent les règles de la vie scolaire : tenue vestimentaire, alimentation, mixité filles-garçons et autres formes de séparatisme. On en trouve les tableaux détaillés en annexe. Ici encore, on remarque une accélération des faits observés par les professeurs, nettement plus nombreux entre septembre 2021 et novembre 2022 (quatre trimestres scolaires) que pendant toute la période précédente et depuis le début de leur carrière. Par ailleurs, dans les établissements de l'éducation prioritaire, les contestations et revendications de nature religieuse sont environ deux fois plus nombreuses qu'ailleurs. Ainsi, 20 % des enseignants ont observé des élèves gardant un couvre-chef marquant une appartenance religieuse dans l'enceinte de leur établissement (11 % pendant les quatre derniers trimestres scolaires) ; ils sont 36 % en éducation prioritaire.

Le vêtement

Dans ce domaine, arrive en tête des faits observés le port d'abayas pour les filles ou de qamis pour les garçons,

1. Azziz Jellab, Marc Rolland, Fabienne Thibault-Lévêque et Christian Wassenberg, *L'application du principe de laïcité dans les établissements scolaires de l'enseignement public : état des lieux, avancées et perspectives*, rapport ministériel 2019-115, novembre 2019.

constaté par 27 % des professeurs (42 % en éducation prioritaire). Les signes d'appartenance religieuse portés lors des sorties scolaires sont également fréquents : 26 % des enseignants en ont observé (45 % en éducation prioritaire).

> Lorène, enseignante dans un lycée professionnel en milieu urbain, témoigne : « L'an dernier on a vu une élève se promener dans les couloirs avec un voile intégral, une sorte de très grand foulard noir. Les CPE[1], le chef d'établissement et l'adjoint ont été informés. Ils n'ont rien fait, ils ne sont même pas venus dans le bâtiment. Les profs aussi, on n'osait rien faire. Ça a duré plusieurs semaines. Puis à la fin on s'est mis à quatre collègues pour lui parler et lui demander de retirer son voile. Et elle a fini par obéir. »

L'alimentation

À la cantine ou au restaurant scolaire, la séparation entre élèves selon leur religion paraît particulièrement choquante, pourtant 16 % des enseignants (34 % en éducation prioritaire) déclarent avoir déjà observé l'« organisation de tables en fonction de la religion des élèves ».

> Rachel, 45 ans, enseignante dans une école primaire classée en réseau d'éducation prioritaire renforcé (REP+), raconte : « L'an dernier, j'accompagne mes élèves en classe transplantée. Dans le centre d'accueil qui nous héberge, nous cohabitons avec deux classes venues d'une autre commune. Au premier repas, je remarque que les lasagnes au bœuf prévues au menu ont été remplacées par des lasagnes au poisson. On m'indique que les deux autres classes "ne mangent pas de viande". Dans leur commune, les menus "sans porc" habituels ont été remplacés

1. Conseiller principal d'éducation.

par des menus "sans viande". Ce n'était pas prévu et je n'étais pas du tout contente pour mes élèves. Je téléphone au maire de la commune et lui reproche de faire le jeu de l'islam radical. "Pas du tout, me répond-il, j'accueille des enfants végétariens." Quelle hypocrisie ! Ça me rappelle que dans ma commune on ne met plus de sapin dans le préau de l'école. Des parents ont protesté auprès du maire. Réponse : "Il faut penser aux arbres..." Autre tartufferie ! »

L'obsession de la pureté, notamment en matière alimentaire, va parfois très loin ; en voici un exemple.

Manuel est directeur d'une école primaire. Il relate : « Cette année, juste avant les photos de classe, une famille réclame à la maîtresse qu'il y ait deux photos différentes pour la classe de son fils : une première pour elle, avec leur enfant, et une seconde sans lui, qui serait proposée aux autres familles. L'enseignante a accepté. Je ne l'ai appris que plus tard. Elle l'a accepté pour ne pas perdre l'élève ; de peur qu'il soit déscolarisé. On a dû aussi accepter de ne pas mettre de photo de cet élève et de sa jeune sœur de quatre ans, qui est en petite section de maternelle, dans le trombinoscope.

Peine perdue : un jour le garçon rentre chez lui avec de la "farine" sur le coin des lèvres alors que la famille avait demandé que les enfants ne touchent à aucune nourriture à l'école et avait même apporté des bonbons halal. J'interroge la maîtresse : il s'agissait de pâte à sel utilisée pour des modelages. La famille n'a rien voulu savoir et les deux gamins ont été déscolarisés. Ils vont maintenant à l'école coranique. »

La mixité

Dans ce domaine, ce sont les absences de filles à la piscine ou en éducation sportive pour des raisons religieuses qui arrivent en tête. Plus d'un tiers des professeurs l'ont constaté (nettement plus de la moitié d'entre eux en éducation prioritaire).

Stéphanie, qui enseigne depuis vingt-trois ans l'histoire-géographie dans un lycée polyvalent de la périphérie d'une grande agglomération, témoigne : « J'étais en conseil de classe du premier trimestre d'une classe de première, tout le monde était là sauf le CPE attaché à la classe, absent sans que la raison soit donnée. On fait comme d'habitude un tour de table et là, la prof d'EPS demande qu'aucune fille de la classe ne reçoive de récompense : elles avaient toutes été absentes à tous les cours de natation du trimestre. Ça a fait l'effet d'une bombe : personne n'était au courant. Sauf les délégués des élèves bien sûr. Pour nous, les enseignants, ça a été un choc. On demande alors à la collègue des précisions. Elle explique que six séances de natation étaient programmées ce trimestre et que les douze filles de la classe ne s'y sont pas présentées. Elle ajoute que l'équipe pédagogique d'EPS avait proposé un "cours adapté" pour celles qui ne voulaient pas aller à la piscine, et que du coup leurs absences sont d'autant plus inadmissibles. La déléguée fille, interpellée, déclare qu'elle ne voit pas le rapport avec les récompenses. Le conseil de classe se termine sans autre commentaire sur les cours de natation, mais on était tous mal à l'aise : plusieurs des filles méritaient les félicitations pour leurs résultats.

Le lendemain, je retrouve la classe et je décide de les interroger pour comprendre les raisons du boycott. Les filles m'expliquent qu'elles sont musulmanes et qu'elles ne peuvent pas se mettre en maillot de bain devant des garçons. Certaines disent avoir présenté un certificat médical. À la façon dont elles parlent, je comprends que pour elles ce n'est pas négociable, qu'elles préfèrent être punies plutôt que de céder. La seule élève qui n'est pas musulmane me dit ne pas vouloir être la seule fille à la piscine avec les garçons. De leur côté, les garçons se disent solidaires des filles. Ils expliquent qu'ils ont proposé à la professeure d'EPS de renoncer à la mixité du cours de natation et de faire venir à la piscine une semaine les filles et une semaine les garçons, et qu'elle a refusé. Je trouve que le proviseur n'a pas été assez ferme, c'est un mauvais exemple et j'ai peur que l'an prochain ça ne fasse tache d'huile. »

D'autres formes de séparatisme

Près d'un enseignant sur trois (près d'un sur deux en éducation prioritaire) a déjà été confronté à des élèves refusant d'entrer dans un lieu à caractère religieux lors d'une sortie scolaire. Par ailleurs, pendant l'été 2022, le CIPDR a signalé dans sa note confidentielle une nouvelle pratique en développement, le chantage à la photo : « Le CIPDR identifie les contours d'une possible nouvelle tendance sur les réseaux sociaux, à ce stade encore marginale, consistant à faire du chantage à la photo, *via* la plateforme Snapchat, en photographiant, au sein des lycées, des jeunes femmes dévoilées qui portent le voile à l'extérieur de l'établissement, dans le but d'exercer sur elles une pression ultérieure. » Une situation pas si « marginale » en fait, du moins si l'on en juge par le tiers de professeurs exerçant en éducation prioritaire qui en a déjà été témoins.

Voici le témoignage de Brahim, 32 ans, conseiller principal d'éducation (CPE) dans un collège classé REP+, autrement dit accueillant une population scolaire très défavorisée : « Cette année pour la première fois, deux filles de sixième ont refusé d'apporter une photo pour les fiches individuelles de l'administration et le trombinoscope, malgré de multiples rappels. Arrive la période des photos de classe… Un jour, le principal me fait venir dans son bureau et me montre la photo de la classe de ces deux élèves : elles ont le visage dissimulé par une capuche. Je lui explique que ces filles de 11 ans sont voilées à l'extérieur et qu'elles retirent leur hijab au portail, mais pour se couvrir la tête d'une capuche tant qu'elles sont dans la cour. Le règlement intérieur n'interdit pas, bien sûr, les bonnets ou les capuches à l'extérieur des bâtiments.

Le principal demande des explications à l'enseignant présent sur la photo, qui affirme n'avoir rien vu. Il refuse la photo de classe, qui donne selon lui une mauvaise image du collège et décide de la faire recommencer. À sa demande, je reçois donc séparément les deux élèves puis leurs mères pour leur demander des explications. C'est évidemment pour des raisons religieuses qu'elles ne veulent pas qu'on prenne des photos d'elles non voilées. L'une d'elles me confie que s'il lui arrivait malheur la tête découverte, elle serait refusée au paradis. J'explique aux mères l'obligation de respecter la neutralité religieuse dans un collège public et aussi la nécessité administrative de posséder une photographie de chaque élève. J'insiste aussi sur le côté fraternel de la tradition des photos de classe. Les mamans paraissent convaincues et me promettent de faire pression sur leur fille.

Le jour de la nouvelle photo, les élèves ne se sont pas présentées au collège et n'y figurent donc pas. Elles ont apporté à l'administration des photomatons où elles apparaissent voilées, qui ont bien sûr été refusées. Donc pas de photo de ces élèves sur leur fiche administrative. Une première dans le collège, mais qui à mon avis va se développer dans les années qui viennent. »

Un enseignant sur deux concerné en quatre trimestres

Au total, c'est près d'un enseignant sur deux qui a été confronté à au moins une de ces situations en seulement quatre trimestres. Si l'on y ajoute ceux qui déclarent en avoir observé avant la rentrée de 2021, une grande majorité des enseignants (70 %) en a vécu une ou plusieurs dans sa carrière. Comme pour les contestations de cours, le caractère massif et l'accélération du phénomène sont flagrants là aussi.

Dans les lycées publics, une part importante de ces « atteintes à la laïcité » est constituée de tentatives d'imposer dans l'espace scolaire des tenues vestimentaires de nature religieuse. Pour François Kraus, directeur des études politiques de l'Ifop, « le chiffre le plus significatif de l'attitude passive des établissements en la matière est la proportion d'enseignants du public (plus d'un sur trois) qui rapportent avoir déjà vu des élèves porter des vêtements à caractère religieux dans l'enceinte de leur établissement, puis les enlever en salle de cours[1] ». « La loi de 2004 n'est pas respectée partout », en conclut-il.

Avec le vêtement « identitaire », le séparatisme islamiste utilise aussi les injonctions alimentaires, qui représentent l'autre type de faits le plus signalé. Ainsi, près de la moitié des enseignants en lycée public ont déjà observé des demandes de menus confessionnels. Un professeur sur cinq rapporte également des formes plus étonnantes de séparatisme, comme l'instauration de vestiaires dans les équipements sportifs ou de tables au restaurant scolaire réservés aux seuls élèves musulmans ; des revendications déjà observées en 2004 par l'inspection générale mais qui pouvaient paraître à l'époque anecdotiques[2]. Ce n'est clairement plus le cas.

1. François Kraus, « Enseignants et laïcité, une démission silencieuse », *Le Droit de vivre*, décembre 2022.

2. Jean-Pierre Obin (dir.), *Les Signes et manifestations d'appartenance religieuse dans les établissements scolaires*, ouvr. cité.

« Ce n'est pas glorieux, mais c'est comme ça »

Léa est professeur de sciences économiques et sociales, et proche de la retraite. Elle enseigne depuis 1986 et dans ce lycée d'une petite ville depuis quatorze ans. Jusqu'en 2020, elle enseignait aussi l'éducation morale et civique (EMC). Elle raconte : « En seconde, dans le cadre de l'EMC, j'avais l'habitude d'organiser entre autres des débats avec les élèves, pour les entraîner à l'oral, les former à rechercher et à utiliser des documents et à structurer leur pensée. Je leur proposais de travailler sur un plan en deux parties : d'abord les faits, ensuite les opinions.

Je me souviens d'un débat sur l'affaire Mila, cette jeune fille menacée de mort et harcelée sur les réseaux sociaux pour s'en être prise à l'islam dans un échange en visio avec un garçon de son âge. Deux jeunes filles d'origine maghrébine viennent me voir : "Madame, on ne peut pas faire deux parties : elle est coupable, on ne peut pas s'attaquer à la religion." Elles ont refusé d'entrer dans le cadre méthodologique que je leur avais indiqué, de séparer les faits des opinions. Je leur ai mis la moyenne, mais ça ne valait pas 5. Je ne voulais pas avoir d'ennuis. Une autre fois, ça a été le dernier débat que j'ai organisé sur l'IVG, deux jeunes filles musulmanes ont projeté une photo horrible d'un fœtus brûlé, trouvée sur un site catholique intégriste. J'ai été choquée, découragée. J'ai là aussi surévalué la note à 10. Je me suis censurée. Ce n'est pas glorieux, mais c'est comme ça. En 2020 j'ai abandonné l'EMC à un collègue d'histoire-géographie.

Dans une classe, j'ai eu un élève particulièrement pénible. Je lui ai fait une fois une réflexion : "Arrête, tu me fatigues !" Le père est venu me voir : "Mon fils se demande si vous êtes raciste." Cela m'a fait beaucoup de peine : moi, raciste ? Depuis je ne fais jamais plus de réflexions aux élèves musulmans. J'ai peur de passer pour raciste.

Un jour un élève de seconde utilise son téléphone en classe. Le règlement intérieur prévoit la confiscation de l'appareil et son dépôt au bureau de la vie scolaire pour restitution aux parents. L'élève se met en colère, me menace : "Rendez-le-moi ou je reviens le chercher au cours d'après." Il est bien revenu, alors que j'étais avec une autre classe : "Donnez-moi mon téléphone !" Je lui ai dit que je ne l'avais plus. Il est reparti. Puis il est revenu encore un peu plus tard, s'est approché de moi, a regardé mon sac. J'ai eu peur, j'ai pensé à cette professeure qui s'est fait poignarder. Je lui ai hurlé de sortir et je me suis enfermée à clé avec ma classe. Puis je suis allée voir le CPE. Il ne l'a pas puni, il lui a simplement dit que ce n'était pas bien ! Il a fallu que j'aille pleurer chez le proviseur adjoint, qui lui a finalement donné un jour d'exclusion. Quand même, on ne peut pas laisser passer ça, il fallait marquer le coup ! Depuis, je ne confisque plus aucun potable et on est nombreux à ne plus le faire. De toute façon, on ne peut plus les coller faute de surveillants...

Tout cela m'affecte beaucoup. Ces jeunes, que vont-ils devenir ? »

Les menaces et les agressions

À ces contestations et transgressions des règles de la vie scolaire s'ajoutent des incidents plus graves, les menaces et les agressions, verbales et physiques, qui visent le personnel. Dans la dernière enquête de l'Ifop, un enseignant sur cinq déclare avoir déjà été menacé ou agressé par des élèves ou des parents d'élèves pour des raisons liées à la religion. Cette proportion se monte à un sur trois pour les enseignants de moins de 30 ans qui ont pourtant la carrière la plus courte. Dans cet ensemble, le nombre d'agressions physiques n'est pas négligeable, puisque 12 % des professeurs déclarent en avoir déjà été victimes au moins une fois dans l'exercice de leur profession, dont 4 % dans la seule dernière année scolaire. Ces proportions, déjà importantes, sont doublées pour les enseignants les plus jeunes. Au total et à l'aune des 820 000 enseignants, cela représente près de 100 000 professeurs victimes d'agression physique, dont un tiers pour la dernière année scolaire. Ce chiffre peut paraître stupéfiant mais il est hélas en totale cohérence avec les résultats d'une étude plus ancienne de l'Inserm auprès des collégiens et des lycéens montrant que 2 % d'entre eux déclarent avoir frappé au moins une fois un enseignant dans les douze derniers mois[1].

Lounis est professeur de philosophie dans un lycée d'une banlieue plutôt favorisée d'une grande agglomération. Il raconte : « Comme l'année précédente, pour la commémoration de l'assassinat de Samuel Paty, je présente cette année à mes élèves, de manière un peu solennelle, un cours sur la laïcité, avec une approche historique sur la séparation du politique et du religieux, un développement juridique et une réflexion philosophique sur la laïcité comme fondement de la vie en commun. Nous ne sommes pas nombreux à commémorer l'assassinat au lycée. Une élève arrive en abaya. À la fin du cours, je la prends en aparté et lui rappelle la loi, je lui dis que je dois signaler l'incident au proviseur et qu'elle risque d'avoir des problèmes. J'ai su qu'elle avait été convoquée avec son père et au cours suivant, la semaine d'après, elle l'avait retiré. Mais une autre jeune fille prend alors le relais et arrive au cours en abaya. Je fais un nouveau rapport au proviseur et préviens l'élève qu'elle risque d'avoir des ennuis. Elle se met à pleurer. Je sais que le proviseur lui a demandé de me présenter des excuses, ce qu'elle n'a jamais fait.

---

1. Marie Choquet, Christine Hassler et Delphine Morin, *Violences des collégiens et lycéens. Constats et évolutions*, Institut national de la santé et de la recherche médicale (Inserm), 2005.

Plus de trois mois se passent et, de nouveau, la première élève revient à mon cours en abaya. C'est une bonne élève, très résolue, qui fait partie d'une famille convertie connue pour son militantisme. J'entame une discussion avec elle à la fin du cours, en tête à tête. Je lui expose les termes de la circulaire ministérielle du 9 novembre 2022 qui mentionne les abayas et distingue les signes qui, "par nature" ou bien "par destination", manifestent une appartenance religieuse et sont interdits. Elle soutient que c'est une tenue "culturelle". Je suis moi-même originaire du Proche-Orient et je connais parfaitement les différents types d'abayas. Celle qu'elle porte est une abaya de prière et le signe est sans ambiguïté. Je le lui dis. Alors elle s'énerve, se met à crier, trois de ses copines qui étaient restées dans le couloir font irruption et m'interpellent : "Vous n'avez pas le droit, l'abaya c'est autorisé." Puis elles commencent à m'insulter en me traitant de raciste et d'islamophobe. Enfin la première lycéenne me regarde : "Vous attendez quoi pour arrêter ? Que mon père vienne vous menacer ?" Je lui demande de se reprendre car c'est elle qui est en train de me menacer. Puis je demande aux quatre élèves de sortir. Alors elles partent en criant mon nom dans les couloirs : "Raciste ! Islamophobe !"

Sur les conseils du proviseur vie scolaire de l'académie, j'ai rédigé plusieurs rapports : un, général, sur l'incident et quatre individuels pour chacune des élèves et j'ai déposé une plainte au commissariat pour outrage à fonctionnaire, c'est un délit puni d'un an de prison et de 15 000 euros d'amende. Le rectorat m'a accordé l'aide juridictionnelle. Sur le plan disciplinaire, j'ai demandé au proviseur des exclusions définitives. Il a entamé les procédures contradictoires prévues avant la convocation des conseils de discipline. Je ne m'imagine pas continuer à faire cours à des élèves qui m'ont menacé et injurié.

Sur le coup j'ai éprouvé de la colère, beaucoup de colère : moi raciste et islamophobe ! Comment osent-elles ? Elles estiment sans doute qu'elles peuvent se le permettre... Maintenant ma colère est retombée mais j'ai peur. J'ai parlé, bien sûr, de ce qui m'est arrivé à ma femme et à des amis. Ils tous ont évoqué Samuel Paty : et si un copain de ces filles était fanatisé ? Ils ont peur pour moi et me disent de me protéger. J'avoue que je ne dors plus très bien. »

2

Une démission silencieuse

Deux conclusions générales se dégagent de l'ensemble des études de l'Ifop. La plus importante est le constat que la première cible de l'islamisme – et de loin – est la relation de liberté, d'égalité et de fraternité entre les femmes et les hommes : en classe, on conteste d'abord les cours d'éducation à la sexualité, les enseignements consacrés à l'égalité filles-garçons ou aux stéréotypes de genre et on remet en cause la mixité filles-garçons ; dans la vie scolaire, on les pousse à porter une tenue religieuse, on exerce sur certaines un chantage à la photo, on incite les filles à s'absenter de la piscine. Comme l'ont révélé en 2003 les auditions de la commission Stasi[1] puis un an plus tard le rapport de l'inspection générale de l'Éducation nationale, « les pressions religieuses affectent avant tout les jeunes filles[2] ». Ce n'est pas là une surprise pour les connaisseurs du monde musulman qui savent que le statut de la femme y constitue de longue date une pierre d'achoppement majeure pour les réformateurs.

---

1. *Commission de réflexion sur l'application du principe de laïcité dans la République*, rapport au président de la République, 2003.
2. Jean-Pierre Obin (dir.), *Les Signes et manifestations d'appartenance religieuse dans les établissements scolaires*, ouvr. cité.

L'éducation prioritaire en première ligne

Seconde conclusion : l'importance des contestations de cours et des transgressions des règles de la vie scolaire dans les quartiers populaires. Les deux volets de l'étude de 2022 montrent – tout comme les deux enquêtes qui l'ont précédée en 2018 et 2020 – que les atteintes au principe de laïcité sont les plus massives dans les écoles et les établissements classés en éducation prioritaire, où elles peuvent souvent être de deux à quatre fois plus nombreuses que dans les autres établissements. Ainsi, le chantage à la mise en ligne d'une photo tête nue (prise dans son établissement) d'une élève voilée au-dehors a été observé par 32 % des professeurs en éducation prioritaire, contre 8 % ailleurs : quatre fois plus ! Ce type de chantage est donc loin d'être aussi « marginal » que le supposait le CIPDR dans sa note d'août 2022. Dans ces quartiers populaires, ce sont près de deux tiers des enseignants qui ont été confrontés au moins une fois à des contestations religieuses depuis la rentrée de 2021. Plus d'un enseignant sur trois rapporte y avoir déjà observé des élèves refusant, lorsqu'on le leur demande, d'enlever des signes vestimentaires de nature religieuse, ou encore faisant leur prière dans l'établissement. Lors des cérémonies d'hommage à la mémoire de Samuel Paty en octobre 2022, deux enseignants sur cinq y ont observé des contestations, contre un sur cinq ailleurs.

« Dans ce contexte de combat culturel, estime François Kraus, directeur des études politiques de l'Ifop, mené à une plus grande échelle par cette myriade d'activistes islamistes, les espaces de relégation que constituent les zones d'éducation prioritaire forment plus que jamais une ligne de front où l'École nous apparaît comme une ligne Maginot qui prend l'eau. » Et qui est déjà largement submergée ou contournée, semble-t-il. Par conséquent et parce qu'ils sont les plus nombreux dans ces quartiers sensibles, les professeurs les plus jeunes apparaissent les plus exposés et, comme ce sont les moins expérimentés, ils sont aussi les plus démunis pour faire face aux contestations et aux transgressions, avec des effets sur la peur et l'autocensure que l'on précisera plus loin.

Donnons pour conclure la parole à l'auteur de l'enquête : « À mes yeux, estime François Kraus, il est clair que l'école est confrontée à une recrudescence des revendications religieuses dans des proportions bien plus larges que celles mesurées par le ministère, ce qui signifie qu'aujourd'hui, nombre d'établissements font le choix de régler ces incidents en interne (sans remontée officielle), ou de laisser faire. Il est clair aussi qu'une proportion croissante d'enseignants, par peur, par lassitude ou par désaccord à l'égard de la législation, a décidé de ne plus signaler nombre d'entorses à la laïcité, ni d'appliquer des consignes ministérielles comme les temps d'hommage à Samuel Paty. Dans ce contexte d'anxiété croissante du corps enseignant, cette démission silencieuse pose inévitablement la question de la réalité de la réaction de l'institution face à la "stratégie d'entrisme salafo-fériste" signalée par le CIPDR. »

On ne saurait mieux dire. C'est précisément le problème que soulève Raphaëlle dans son témoignage.

Raphaëlle et le « laxisme de l'institution »

Raphaëlle a 55 ans, elle enseigne depuis trente ans. Elle est directrice d'une école primaire de douze classes qui accueille plus de 300 élèves, dans un secteur périurbain, socialement assez mixte avec une légère surreprésentation des classes favorisées.

Elle témoigne : « Oui, les enseignants s'autocensurent, depuis 2016 ça s'est beaucoup développé, mais l'institution aussi nous censure. Par exemple : notre école accueille des enfants handicapés dans deux classes. J'avais demandé un poste d'AESH[1] pour aider mes deux collègues. L'an dernier l'académie nous l'accorde. Arrive une jeune femme. Voilée ! Très rapidement les enseignants et des parents protestent. Je la convoque et lui explique les règles de la laïcité pour les agents publics. Elle revient le lendemain habillée d'une longue jupe noire et avec un grand bandeau noir sur les cheveux. J'informe l'inspecteur, qui vient quelques jours plus tard. Nous la recevons ensemble dans mon bureau. Il lui demande :

— Vous étiez habillée comme ça lorsque vous avez été recrutée ?

— Non.

— Quand on vous regarde, madame, on connaît immédiatement votre religion.

— [Se tournant vers moi.] Et elle, c'est quoi sa religion ? Vous ne trouvez pas que sa robe est trop courte ?

L'inspecteur me rappelle quelques jours plus tard :

— Elle ne sera plus dans votre école, je l'ai déplacée dans une autre école où ça ne les dérange pas.

— Mais monsieur l'inspecteur, ce n'est pas que ça nous dérange, on applique simplement les lois sur la laïcité.

— Bon, ça va, on ne va pas en faire une histoire...

Un autre exemple du laxisme de l'institution : dans une école voisine, une institutrice fait une initiation à l'éducation sexuelle en classe de CE1. Elle montre une planche avec les dessins d'un

1. Accompagnant d'élèves en situation de handicap.

homme et d'une femme dénudés pour décrire les différences anatomiques. Le lendemain, deux familles viennent protester. La première retire l'enfant de l'école pour l'instruction en famille. La seconde demande à changer son fils d'école et à le mettre dans la mienne. À le *remettre*, en fait : le gamin avait été changé d'école l'an dernier car il apportait le Coran en classe. Par provocation. Il était ingérable. Eh bien l'inspecteur a donné raison à la famille. Mais la moitié de mes enseignants ont peur de cette famille. Ce sont des gens dangereux, ils sont fichés S. On est vraiment exposés, on ne nous protège pas. Moi aussi, j'ai peur. Le marteau trouvé dans le cartable de Samuel Paty, ça nous a beaucoup marqués.

À propos de Samuel Paty, au retour des vacances de la Toussaint de 2020, juste après son assassinat, j'ai organisé la minute de silence dans chaque classe, sauf pour les CP, qui nous ont semblé trop jeunes. En CM2, un élève me questionne ;

— Pourquoi il est mort, Samuel Paty ?

— Parce qu'il a montré des dessins aux élèves et que ça n'a pas plu à certains.

— On peut les voir les dessins ?

Je me sens très mal, je botte en touche. Le lendemain, travail sur ordinateur, un élève se met à crier : "Ça y est, j'ai trouvé les dessins sur Internet !" Je me précipite et ferme l'écran. Les autres élèves protestent. Ils ont très bien compris qu'il manquait une pièce au puzzle. Il y a un âge pour parler de Samuel Paty, avant c'est contre-productif.

Notre école scolarise les enfants d'un centre d'accueil pour réfugiés voisin. Ils viennent pour quelques semaines et repartent, toujours brusquement et sans prévenir. Récemment, nous avons reçu des enfants afghans. L'exigence des réfugiés a été que les filles soient mises dans la classe d'une femme et les garçons dans la classe d'un homme. J'ai dû accepter sinon les enfants ne seraient pas venus. Un jour un couple, elle entièrement voilée de noir, vient en fin de journée chercher son fils, la femme s'avance vers son enfant et le maître croit bon de lui tendre la main pour la saluer à l'entrée de la classe. Le mari se précipite alors et le bouscule violemment. On a tous été choqués. »

Les chiffres du ministère, une illusion rassurante

Dans cette situation objectivement alarmante, le ministère de l'Éducation nationale berce l'opinion avec des chiffres rassurants, ceux des « atteintes à la laïcité et aux valeurs de la République » qui remontent des académies vers la cellule Valerep[1], placée auprès du haut fonctionnaire chargé de la sécurité du ministère. On peut d'ailleurs s'étonner du choix de ce pilotage par une microstructure totalement marginale dans l'organigramme du ministère ; un choix dicté à l'époque par la focalisation du gouvernement sur la radicalisation de certains jeunes basculant dans le terrorisme, et critiqué en 2021 dans un rapport ministériel qui en dénonçait les effets pervers[2]. Ces remontées, quelques centaines, varient d'un trimestre à l'autre (d'un mois à l'autre depuis que, sous la pression médiatique, le ministre a imposé cette fréquence de publication en octobre 2022). On ne sait pas vraiment interpréter ce que ces fluctuations signifient : une vraie variation du nombre d'incidents sur le terrain ou bien des aléas statistiques dus aux émotions éphémères dictées par l'actualité ? Ainsi, en octobre 2022, au moment où l'émoi médiatique était au plus haut à propos des vidéos sur

1. Pour « valeurs de la République ».
2. Jean-Pierre Obin, *La formation des personnels de l'Éducation nationale à la laïcité et aux valeurs de la République*, rapport au ministre de l'Éducation nationale, mai 2021.

TikTok et Twitter pour inciter les élèves musulmans à transgresser la loi de 2004, le ministère a recensé 720 signalements. Le mois suivant environ la moitié, comme le mois précédent. Doit-on en conclure que le nombre d'abayas a réellement doublé sur ce seul mois, ou bien que c'est l'actualité médiatique qui a causé un afflux de signalements ?

De fait, lorsqu'on compare ces chiffres aux résultats des études de l'Ifop, on ne peut qu'en conclure qu'ils ne sont que la partie émergée d'un profond iceberg. Un rapide calcul le montre aisément : entre la rentrée de 2021 et novembre 2022, 30 % des 820 000 enseignants ont été, selon l'Ifop, confrontés à une ou plusieurs contestations de cours. Sur cette base, on peut donc estimer le nombre de contestations de cours durant cette période entre 250 000 (une contestation par professeur) et 500 000 (deux par professeur). Pendant la même période, le ministère a recensé environ 3 500 « atteintes à la laïcité et aux valeurs de la République », non seulement en cours mais aussi dans la vie scolaire. On a ainsi un ordre d'idées de ce que représentent les chiffres recueillis et diffusés par le ministère : un rapport avec la réalité de un à cent, au bas mot.

Pourtant, si l'on y réfléchit, il n'y a là aucun mystère. Il existe en effet plusieurs raisons à la rareté des signalements par rapport au nombre de faits réels. La première – et peut-être la principale – est que beaucoup d'enseignants pensent avoir résolu par leur propre intervention le problème auquel ils se sont trouvés confrontés et ne voient donc pas la nécessité de le signaler. La deuxième est de nature inverse : d'autres ne signalent pas un incident parce qu'ils n'ont pas su le traiter. Ainsi, selon l'Ifop, un professeur sur deux déclare ne pas signaler à son chef d'établissement le port d'un hijab en sortie scolaire et 25 % ne demandent même pas aux élèves de l'ôter. Une troisième raison est le peu de confiance des enseignants en leur hiérarchie : on se souvient de la campagne organisée en 2018 par des professeurs victimes de violence de la part d'élèves et dénonçant l'absence de soutien de leur chef d'établissement. Aujourd'hui, un tiers de ceux qui ont signalé un incident à leur hiérarchie ont le sentiment de ne pas en avoir reçu de soutien. Cette attitude de défausse – la pusillanimité – a depuis trouvé un nom plus commode à prononcer : on l'appelle le « pas-de-vaguisme ». Enfin, une multitude d'entorses à la laïcité passent par nature « sous les radars », c'est le cas par exemple des enseignants qui, par crainte, ne traitent pas une question du programme et ne vont certainement pas le clamer sur les toits de leur collège ou de leur lycée.

À cette rétention de l'information par les enseignants s'ajoute un second niveau de rétention par les chefs d'établissement. Un récent sondage du principal syndicat du personnel de direction auprès de ses adhérents en donne un aperçu. De leur propre aveu, environ la moitié des chefs d'établissement disent ne pas signaler au rectorat les faits d'atteinte à la laïcité dont ils sont informés. Cela va de 37 % d'entre eux pour des contestations de cours à 71 % pour l'absentéisme en EPS ou à la piscine, en passant par 43 % pour des tenues vestimentaires manifestant une appartenance religieuse[1].

Pour les Potemkine du ministère et d'ailleurs, ces chiffres publiés chaque mois et qui ne veulent rien dire sont pourtant bien commodes. Rapportés au nombre de professeurs (des centaines de milliers) et d'élèves (des millions), ils leur permettent d'affirmer

1. SNPDEN, Enquête laïcité, mars 2023.

que la pénétration de l'islamisme à l'école est très largement surestimée, de dénoncer l'orchestration d'un tapage médiatique anxiogène et de sermonner ceux qui manient l'émotion plutôt que la raison... Ces chiffres représentent, pour ceux qui veulent bien y croire, une illusion rassurante. Mais leur utilisation pour justifier la politique suivie par le ministère de l'Éducation nationale constitue bel et bien une manipulation de l'opinion.

3

Une société fracturée, une école divisée

« Nous sommes confrontés à un processus d'"archipellisation" croissante du corps social. De multiples lignes de faille – éducative, géographiques, sociales, générationnelle, idéologiques et ethnoculturelle – s'entrecroisent, engendrant autant d'îles et d'îlots plus ou moins étendus [...]. Mais avant d'en dresser la carte, nous devrons explorer les causes de ce grand basculement : la dislocation de la matrice catholique de la société française. » Voilà le constat dressé par Jérôme Fourquet sur la France à l'aube du troisième millénaire, au terme d'un patient travail d'analyse[1].

Sans aller à l'encontre de cette thèse, on doit remarquer que l'école et la laïcité ne sont pas des lignes de fractures nouvelles mais bien de vieux sujets de discorde entre les Français. À tel point qu'on a longtemps parlé de « guerre scolaire » entre l'école publique – l'école « républicaine » – et l'école catholique, autobaptisée l'« école libre ». Cette guerre, on le sait, s'est achevée en 1984 par la victoire des partisans de cette dernière après les immenses manifestations de Paris

1. Jérôme Fourquet, *L'Archipel français. Naissance d'une nation multiple et divisée*, Seuil, 2019.

et de Versailles et la démission du gouvernement de Pierre Mauroy. Elle s'est conclue par un traité de paix en 1992 : les accords Lang-Cloupet, du nom de leurs signataires, le ministre Jack Lang et le secrétaire général de l'enseignement catholique Max Cloupet. Mais déjà un autre conflit avait débuté avec l'arrivée inopinée d'un autre ennemi de la laïcité, l'islamisme, dont la première escarmouche eut lieu dans un collège de Creil, en 1989.

Sur la question laïque – et il ne s'agit pas seulement de l'école –, la France est donc une nouvelle fois divisée. Toutefois, les fractures d'aujourd'hui ne sont pas forcément celles d'hier. Où se situent ces nouveaux clivages ? Entre gauche et droite ? Entre jeunes et moins jeunes ? Entre musulmans et non-musulmans ? Entre partisans d'une laïcité « ferme » et adeptes d'une laïcité « ouverte » ou « inclusive » ? Le président de la République, quant à lui, parle carrément d'une « sécession » d'une partie des Français : « Aujourd'hui, nous ne devons pas nous masquer : quand on parle de laïcité, on ne parle pas vraiment de laïcité [...]. On parle d'une sécession qui s'est parfois sournoisement installée parce que la République avait déserté ou n'avait pas tenu ses promesses. On parle de gens qui au nom d'une religion poursuivent un projet politique, celui d'un islam politique qui veut faire sécession avec notre République[1]. »

1. Discours du 25 avril 2019.

Fractures politiques

En effet, la fracture est d'abord politique. À l'extrême gauche, on soutient que la vraie rupture ne se situe pas là où la voit le président, mais entre ceux qui sont guidés par leur « islamophobie » et ceux qui la combattent, entre le « racisme systémique » des institutions et ceux qui dénoncent des lois racistes qui viseraient en fait, sous couvert de laïcité, l'ensemble des musulmans. À ceux qui, à droite, au centre et aussi à gauche s'inquiètent du développement rapide de ces « territoires perdus de la République[1] » devenus quelques années plus tard autant de « territoires conquis de l'islamisme[2] », les trotskistes athées qui dirigent LFI[3] rétorquent qu'ils font le jeu de l'extrême droite en s'en prenant au droit des pauvres et des opprimés de pratiquer librement leur religion. Tel groupuscule réputé « laïcard » et affichant toujours pour raison d'être le célèbre « À bas la calotte ! » des anticléricaux du début du siècle précédent se fait désormais le défenseur obstiné de l'obscurantisme religieux le plus épais.

Certains militants gauchistes ont même depuis peu franchi un nouveau pas : ils ne dénoncent plus l'instrumentalisation de la laïcité par un système « islamophobe » mais la laïcité elle-même. Ainsi, les

1. Emmanuel Brenner, *Les Territoires perdus de la République*, Mille et une nuits, 2002.

2. Bernard Rougier, *Les Territoires conquis de l'islamisme*, PUF, 2020

3. La France insoumise, mouvement politique constitué autour de la candidature de Jean-Luc Mélenchon à la présidence de la République et dirigé en sous-main par un noyau de membres du Parti de gauche issus du trotskisme.

néoféministes qui ont pris le pouvoir au Planning familial ont-elles banni le terme de « laïcité » de ses statuts et les militants du collectif inter-LGBT ont-ils exclu fin 2022 leur porte-parole parce qu'il avait osé affirmer le caractère protecteur du principe laïque pour les homosexuels[1]. Rien, sans doute, qui ne puisse autant réjouir les islamistes. Bien sûr, on peut s'étonner de cette étrange alliance entre les chevau-légers du droit à l'IVG et ceux qui proclament que l'avortement est un crime, entre les activistes du droit de vivre librement son identité ou son orientation sexuelle et ceux qui considèrent – comme les lois de la plupart des pays musulmans – que les homosexuels sont des criminels et doivent être réprimés comme tels ; et qui ne protestent guère lorsqu'ils le sont très cruellement.

À gauche et au centre, le principe de laïcité est utilisé de manière un peu défensive, comme un bouclier, pour tenter de préserver la neutralité religieuse des services publics, en particulier celle de l'école, et pour protéger l'héritage républicain. Pour l'extrême droite et une partie de la droite – qui, au cours du XXe siècle, n'ont jamais été de ses plus farouches partisans ! –, la laïcité est devenue une arme offensive pour s'en prendre aux musulmans et plus généralement à l'immigration, ce qui leur permet de dissimuler une xénophobie devenue gênante pour accéder à la respectabilité. C'est cette instrumentalisation qui permet à l'extrême gauche de pratiquer l'amalgame, de dénoncer les vrais défenseurs de la laïcité comme « islamophobes » et, pour les plus radicaux de ses activistes, de taxer même de « fascistes » les intellectuels qui s'en insurgent.

1. Jean-Loup Adénor, « Dire que la laïcité protège les LGBT est devenu impossible », *Marianne*, 23 décembre 2022.

Fracture générationnelle

La fracture est aussi générationnelle, c'est celle qui sépare les jeunes et les moins jeunes sur l'attitude à adopter à l'égard des religions et sur la conception de la laïcité. Elle présente deux aspects paradoxaux. Le premier est qu'en France, où la sécularisation ne cesse de progresser – y compris et surtout chez les jeunes, on le verra plus loin –, se fait jour en même temps chez ces derniers une conception de la laïcité prônant un « respect » sans nuance des religions, qui laisse de côté l'aspect le plus fondamental de la loi de 1905, la garantie de la liberté de conscience de tous les citoyens. Cette sorte de silence déférent devant les religions, comme celui que l'on respecterait devant une œuvre patrimoniale, néglige totalement la double obligation faite à l'État de garantir la libre critique des religions (le « droit au blasphème », par exemple) et de s'opposer aux conceptions et aux pressions communautaristes qui visent à enfermer les individus dans un destin étroitement lié à leur origine (comme avec le « crime d'apostasie »). Second paradoxe, c'est au nom d'une conception radicale de la liberté individuelle et de l'égalité entre les groupes que se développe une neutralité, parfois même une complaisance pour une idéologie qui promeut la supériorité de la loi religieuse sur les principes républicains – et par conséquent l'absence de liberté pour les individus – ainsi que l'inégalité de statut et de dignité entre les femmes et les hommes.

Pour l'extrême gauche, la porosité des jeunes musulmans au fondamentalisme religieux s'explique par la situation sociale qui leur est faite et les discriminations dont ils sont victimes. Cette analyse marxiste qui revient à tout rabattre sur la question sociale est contredite par une enquête des sociologues Anne Muxel et Olivier Galland auprès de 7 000 lycéens, qui ne fait apparaître aucune corrélation entre l'origine sociale des lycéens et leur radicalisation religieuse[1]. Sans parler des terroristes du World Trade Center, qui n'étaient pas vraiment issus du lumpenprolétariat ! Dans son étude sur le djihadisme français, le politologue Hugo Micheron note un lien entre l'endoctrinement de certains jeunes musulmans et l'autarcie culturelle et politico-religieuse de leur quartier, allant jusqu'à parler d'« enclaves salafo-fréristes[2] ». Ce serait donc moins la classique question sociale que celle de la mixité culturelle, ethnique et religieuse, dans les quartiers urbains comme dans le système scolaire, qui devrait nous interroger. Les politiques sociales redistributives menées des décennies durant (politique de la ville, zones d'éducation prioritaire) n'ont pas permis de favoriser cette mixité, elles n'ont d'ailleurs jamais vraiment visé à la préserver et ont même eu parfois des effets contraires. Peut-on à la fois stigmatiser le séparatisme politico-religieux des uns et laisser se développer, voire favoriser par des politiques publiques l'entre-soi socio-ethnique des autres ? On pense aux effets de politiques municipales d'urbanisation ségrégative, du financement sans réelle contrepartie de l'enseignement privé et des dérogations à la carte scolaire. Il est des incohérences qui mériteraient d'être réexaminées.

---

1. Anne Muxel et Olivier Galland, *La Tentation radicale*, PUF, 2018.
2. Hugo Micheron, *Le Jihadisme français. Quartiers, Syrie, prisons*, Gallimard, 2020.

Les divisions à l'école

À l'école, les mêmes divisions s'expriment, au travers de questions liées aux malaises particuliers qui s'y développent. Les études sur les manifestations de l'islamisme dans les classes, les réactions qu'elles suscitent dans les médias et le monde politique, ainsi que le silence abyssal du monde syndical sur ce sujet montrent que l'école ne fait pas exception, qu'elle est traversée par les mêmes lignes de fracture et en semble paralysée. Depuis l'irruption inattendue d'une idéologie politico-religieuse venue d'ailleurs – cet « ennemi imprévu[1] », comme le nomme Pierre-André Taguieff – il y a plus de trente ans dans un collège de l'Oise, que de chemin parcouru et de victoires pour les islamistes ! Le développement de l'autocensure chez les enseignants, par peur d'incidents avec certains élèves ou avec leurs parents n'étant que la dernière, mais non la moindre ! Et cela malgré les chocs successifs provoqués dans la population française par les centaines de victimes des attentats de 2015 à Paris et de 2016 à Nice, et bien sûr par l'assassinat d'un professeur d'histoire, Samuel Paty, en 2020. L'émotion devant ces tragédies une fois retombée et la fausse unanimité dans l'indignation dissipée, les vieux démons de la feinte indifférence et du déni des dangers ressurgissent : plutôt le refoulement que le désespoir, les accommodements que l'affrontement, Munich que le tragique.

Les mêmes questions restent donc posées. Comment faut-il réagir à ces contestations, ainsi qu'au

1. Pierre-André Taguieff, *L'Islamisme et nous. Penser l'ennemi imprévu*, CNRS Éditions, 2017.

développement de la peur et de l'autocensure des professeurs qui en sont les conséquences ? Faut-il laisser plus librement s'exprimer les religions dans l'espace scolaire, voire y mettre les lois laïques sous le boisseau, comme semble le souhaiter une part des lycéens et des enseignants les plus jeunes ? Laisser en particulier des élèves et des enseignants exprimer librement leur religion par des signes de reconnaissance ? Leur offrir à la cantine des repas respectant leurs prescriptions religieuses ? En espérant que cet alignement sur la planète anglo-saxonne, ces « accommodements » – qu'on n'ose qualifier de « raisonnables » –, calmeront définitivement ou au moins pour un temps l'appétit de l'ogre islamiste. Ou à l'inverse faut-il être plus strict dans l'application du principe de laïcité et tenter de rendre les règles actuelles réellement efficientes ? Mais est-on bien sûr qu'une politique de « tolérance zéro » entraînerait chez les élèves une meilleure compréhension de la laïcité et y provoquerait une vague d'affection pour la République et ses principes ?

Le désaccord est en réalité plus profond car il mobilise deux conceptions de l'école. Il ne s'agit plus d'un affrontement présumé entre « pédagogues » et « républicains », mais plutôt d'un affrontement entre « sociologues » et « républicains ». D'un côté il y a ceux pour qui l'école est immergée dans la société et pour qui il est donc naturel que s'y expriment librement les identités, les débats sociaux et les conflits sociétaux. Vouloir s'y opposer serait pour eux totalement vain et même contre-productif du point de vue de la socialisation des élèves. De l'autre se trouvent ceux qui restent attachés à une école universaliste et protégée de la société, « asile inviolable où les querelles des hommes ne pénètrent pas », selon la formule de

Jean Zay[1], ministre du Front populaire ; une école où les élèves sont invités à s'abstraire de leurs attaches culturelles pour pouvoir raisonner et se comporter en citoyens éclairés ; où on les considère comme des individus égaux entre eux et non comme des membres d'une « communauté » ou d'un « milieu » particulier, et où règne l'obligation d'indifférence et non le droit à la différence. Une école-creuset de la nation, qui serait vouée aujourd'hui, étant donné les circonstances, à une reconquête républicaine des esprits. Certes, mais que sont les « hussards noirs » devenus pour la mener à bien ? Les professeurs les plus jeunes, on l'a vu, ne sont pas majoritairement sur cette ligne.

Arrêtez la musique !

Daniel, la cinquantaine, enseigne l'éducation musicale en collège depuis une trentaine d'années. Après avoir exercé dans plusieurs établissements ruraux, il a choisi « par engagement politique » de travailler dans un collège REP+ implanté dans un quartier très défavorisé. Il témoigne : « Le quartier a beaucoup évolué depuis mon arrivée. J'ai enseigné longtemps au centre social. Avant 1995, les femmes ne venaient pas voilées, et de rares jeunes faisaient le ramadan, et il y avait encore une certaine mixité sociale.

Au collège il n'y a plus beaucoup de non-musulmans, moins de 10 % sans doute. La pression est grande sur ceux qui restent. Un garçon m'a un jour confié : "Je ne mange plus de porc à la cantine sinon je n'ai plus de copains." Une de mes élèves de troisième s'est convertie à l'islam l'an dernier sous l'influence d'une de ses camarades, une militante, une prosélyte, la fille d'un collègue d'origine africaine. En classe, un jour où je présentais la "musique noire américaine" elle m'a interrompu : "On ne dit pas ça, c'est raciste !"

1. Circulaire du 31 décembre 1936.

Aujourd'hui, il y a un rejet très clair de l'éducation musicale, ils disent que ça ne les intéresse pas. En fait, certains le disent plus ouvertement : "Je n'ai pas le droit de chanter, je suis musulman." Essayer de les faire chanter devient de plus en plus difficile : on ânonne, on fredonne, on garde le silence, on sabote. C'est une petite minorité, mais les autres suivent. Ont-ils peur ? Sont-ils d'accord ? Je n'en sais rien.

En cours, j'utilise beaucoup des enregistrements, des images, des vidéos. En cinquième, je fais un cours sur la musique du Moyen Âge. Un jour un élève m'interrompt : "La musique religieuse, ça n'existe pas !" Une réponse m'est venue : "Et l'appel à la prière chanté du haut des minarets ?" Je me suis retenu, je n'ai rien répondu de peur de sa réaction. Dans le cadre du même cours, je parlais aussi du roman *Le Nom de la rose* et je leur projetais notamment des images de manuscrits comportant des enluminures. L'une d'elles dissimule une caricature irrévérencieuse du pape et de religieux. Un élève a protesté : "On ne touche pas à la religion !" Un élève musulman ! Depuis deux ou trois ans, je ne projette plus de vidéos ethnologiques sur les danses et chants traditionnels africains où les hommes et les femmes apparaissent en costume de fête traditionnel et torse nu. Une mère était venue protester.

Il m'arrive de me faire invectiver dans les couloirs ou dans la cour ; l'autre jour en ville par d'anciens élèves : "Sale bâtard, on va te faire la peau." Je ne suis pas le seul à qui ça arrive. Moi, je signale toujours ces incidents, mais il ne se passe rien et ça ne remonte jamais au rectorat : quand ça fait des vagues, ça peut nuire à l'avancement... En salle des profs, avant, on discutait de tout, d'actualité, de politique. Maintenant on ne parle plus de rien, surtout pas de laïcité : autant de conceptions que de professeurs ! Beaucoup ne savent même pas que la laïcité, c'est du droit. J'ai assisté à une formation de la Ligue de l'enseignement avec des cinquièmes, les formateurs n'ont pas parlé de la loi de 1905, ni de celle de 2004. Je suis allé les voir après et je les ai interrogés. Ils m'ont répondu que les élèves étaient trop jeunes pour qu'on leur parle de droit. "Et quand vous intervenez en seconde ?" Silence gêné...

Récemment, des collègues ont monté un projet pédagogique sur la laïcité avec leurs élèves de sixième. La présentation du travail s'est faite sous forme de panneaux exposés dans le hall du collège. Je vais la voir : une présentation de chacune des religions du Livre. Rien sur l'agnosticisme, l'athéisme, ni le bouddhisme d'ailleurs. Moi je suis agnostique, la laïcité c'est quand même le respect des convictions, pas seulement des religions !

Je suis pessimiste pour l'avenir. Il n'y a plus de commun. »

Des lycéens divisés

Que pensent les élèves eux-mêmes de ces incidents, contestations, transgressions et revendications au nom de la religion ? Et quelles sont leurs attitudes lorsqu'ils en sont les témoins ? Une autre étude, menée celle-ci auprès de lycéens en décembre 2020[1], permet d'adopter un autre point de vue sur ces faits et d'observer les mêmes situations sous un autre angle. Non plus de l'estrade du professeur mais des bancs des élèves. Comme les enquêteurs ont posé aux élèves les mêmes questions qu'aux professeurs, on peut comparer leurs réponses ; et ce qui saute aux yeux, c'est leur très grande cohérence. Pour ne prendre qu'un exemple, 55 % des lycéens et 52 % des professeurs ont été confrontés à une forme d'expression de la religion en milieu scolaire. Et les résultats des deux enquêtes sont systématiquement très voisins pour chacune des

1. François Kraus, « Enquête auprès des lycéens sur le droit à la critique des religions et les formes de contestation de la laïcité à l'école », Ifop et Licra, janvier 2021.

contestations de cours ou transgressions des règles de la vie scolaire examinées plus tôt. La seule (petite) divergence porte sur l'absentéisme des filles en éducation physique et sportive, que les lycéens ont sans doute tendance à sous-évaluer ; mais ce ne sont pas eux qui contrôlent les absences...

Le grand intérêt de cette étude se situe ailleurs, car elle permet de faire apparaître les opinions de ces jeunes sur les lois et les règles de la laïcité, ainsi que sur les manifestations de la religion observées dans leur lycée. En effet, à la question posée aux professeurs de savoir « s'ils avaient déjà observé » telle ou telle forme de contestation ou de transgression liée à la religion, l'auteur de l'étude a ajouté pour les lycéens celle de savoir si, de plus, *ils en avaient approuvé l'auteur*. C'est le cas, on va le voir, de beaucoup d'entre eux. Deux paramètres apparaissent alors discriminants dans les réponses des lycéens : leur religion déclarée et le quartier d'implantation de leur lycée (en fait sans doute un seul, car les élèves musulmans étant surreprésentés dans les quartiers populaires la variable territoriale et le paramètre religieux sont sans doute largement liés).

Le clivage entre musulmans et non-musulmans

Il existe peu de différences significatives entre les réponses des élèves catholiques et celles des lycéens sans religion. En revanche, les lycéens musulmans se distinguent très sensiblement de tous les autres sur de nombreuses questions. Ainsi et pour ne prendre qu'un exemple, 75 % des élèves sans religion et 78 % des catholiques sont favorables à la loi de mars 2004 interdisant aux élèves les tenues et les signes religieux dans l'enseignement public ; mais seulement 28 % des élèves musulmans. Concernant les contestations de cours et sans entrer dans un examen de chacune d'entre elles, sept élèves musulmans sur dix approuvent au moins l'une de celles qu'ils ont observées, pour un élève non musulman sur trois. Quant à l'assassinat du professeur Samuel Paty, il n'est « pas totalement condamné » par 25 % des premiers, contre 9 % des seconds. Plus généralement, l'examen attentif de l'ensemble des réponses des lycéens musulmans fait ressortir deux caractéristiques de leurs attitudes : d'une part le complexe obsidional qui paraît affecter une bonne part d'entre eux et de l'autre l'idéologie conservatrice voire réactionnaire qui semble les influencer.

Un complexe obsidional

Le sentiment de beaucoup de lycéens musulmans de vivre dans un pays qui leur est hostile, dans une sorte de forteresse assiégée qu'il leur faudrait défendre contre un environnement menaçant se lit dans leurs réponses à plusieurs questions. Ainsi, une grande majorité d'entre eux (81 %) pensent que les lois qui encadrent en France la place des religions sont discriminatoires envers les musulmans (contre 28 % pour les lycéens sans religion). Ils sont aussi les deux tiers à penser que les normes de leur religion sont supérieures aux lois de la République (contre moins d'un tiers des élèves catholiques) et la même proportion à penser que leur religion « est la seule vraie religion » (contre un quart des lycéens catholiques). Ils ne sont que 22 % à être favorables à la liberté de critiquer voire de se moquer des religions (contre 53 % des élèves sans religion) et seuls 26 % d'entre eux donnent raison au professeur Samuel Paty d'avoir utilisé des caricatures de Mahomet pour illustrer l'étendue de la loi sur la liberté de la presse en France (contre 57 % de leurs condisciples sans religion).

Ces chiffres montrent aussi qu'une part minoritaire mais non négligeable des lycéens non musulmans donne aussi crédit à ce sentiment d'une animosité ambiante à l'encontre des musulmans, d'une hostilité générale des Français envers leur religion, et d'un système politique et médiatique « islamophobe » – pour reprendre le concept ambigu forgé par la propagande islamiste. Ainsi, concernant le jugement porté sur la démarche pédagogique de Samuel Paty, on note un écart de 10 points entre le jugement de l'ensemble des lycéens (61 % favorables) et celui de l'ensemble des Français (71 %), moins critique à l'endroit du professeur assassiné.

Une idéologie conservatrice

Les positions exprimées par beaucoup de lycéens musulmans relèvent par ailleurs d'une idéologie profondément conservatrice. On le lit notamment dans les réponses apportées aux questions de société, sur des sujets comme l'antisémitisme, l'homosexualité, l'égalité entre les femmes et les hommes ou encore la mixité de la vie sociale. Ils affichent alors des positions très décalées par rapport à celles des autres lycéens et plus encore à celles de l'ensemble des Français. Ainsi, 43 % d'entre eux (contre 15 % des élèves sans religion) estiment que « les Juifs ont trop de pouvoir en France » et 52 % sont hostiles à ce que des hommes puissent exprimer leur homosexualité dans l'espace public (contre 15 % des élèves sans religion). S'agissant de la mixité et de la place des femmes dans la vie sociale, 80 % sont favorables à des horaires leur étant réservés dans les piscines (contre 26 % des lycéens sans religion). Il faut remarquer que sur cette question du statut social des femmes ils ne sont pas toujours les seuls à exprimer une misogynie qui paraît être autant un jugement de classe qu'ethnoreligieux. Ainsi, les lycéens des quartiers populaires sont 41 % à penser que « la femme est faite avant tout pour faire des enfants et pour les éduquer », contre 10 % de ceux scolarisés dans d'autres quartiers.

Sur les questions politiques, les lycéens musulmans expriment majoritairement des positions franchement réactionnaires. Ils sont par exemple favorables à la limitation de la liberté d'expression par le retour à une interdiction du « blasphème », abolie par la Révolution française. Plus généralement, ils pensent que la « loi religieuse » doit imposer ses normes à la société. Mais la loi de quelle religion puisqu'il en existe de multiples en France et que la leur y est minoritaire ? La solution, implicite, est fournie par les réponses à une autre question, rapportée plus tôt : il n'y a, pour les deux tiers d'entre eux, qu'une « seule vraie religion », la leur. Ces jeunes ont ainsi adopté l'ancienne conception des rapports du politique et du religieux, celle où le politique se légitimait du religieux, où ce dernier dictait ou inspirait le droit et les lois. Celle qui préexistait à la Révolution française, comme on le verra au chapitre suivant. Ils ne sont pourtant pas nés avec cette conviction, qui n'est pas inscrite dans leurs gènes. Elle leur a simplement été transmise par une famille ou des prédicateurs venus de pays où cette conception tient toujours le haut du pavé malgré les poussées des mouvements démocratiques.

Les élèves aussi ont peur et se censurent

Édith est professeur de lettres-histoire dans un lycée professionnel d'une petite ville de province, elle enseigne depuis vingt-quatre ans. Elle est également formatrice « Laïcité et valeurs de la République » pour son académie depuis 2017. Elle témoigne : « Mon lycée est un établissement moyen de plus de 500 élèves, assez divers sur le plan social et religieux. Nous avions il y a quelques semaines un partenariat pédagogique avec une radio locale venue passer trois jours au lycée avec les professeurs et les élèves. Un collègue d'anglais vient un jour me demander mon avis : quatre élèves sont venus lui proposer une séquence pour "parler de l'islam", leur religion. Je les rencontre avec lui. Ce sont deux garçons et deux filles (non voilées à l'extérieur), de bons élèves très à l'aise à l'oral. Nous connaissons les familles, qui n'affichent aucun signe extérieur de religiosité.

Ils souhaitent, disent-ils, parler de l'histoire de leur religion, de ses fondements et de ses valeurs, notamment pour contester les clichés qui circulent sur l'islam et affirmer des valeurs qui "sont proches de celles de la France". La séquence radiodiffusée devant durer plusieurs minutes, elle nécessite un important travail de préparation avec les professeurs ; les prises de parole et les thèmes sont définis d'un commun accord, étayés par une recherche documentaire. Les élèves signent la charte qui encadre leurs interventions. La nouvelle circule dans le lycée et rencontre l'opposition de plusieurs enseignants, au nom de la laïcité. J'argumente que la laïcité n'empêche pas de parler de religion dans un cadre laïque et non prosélyte, ce que je garantis. Le proviseur me suit et donne son autorisation.

Le matin de l'émission prévue à 16 heures les élèves viennent me voir : "On ne passe pas à la radio, on abandonne." Je tombe des nues. Je les interroge. "On ne veut pas être filmés." Pourtant cette clause était prévue dans la charte et ils l'avaient acceptée. Ils sont déterminés : "Non, on ne peut plus." Je leur demande s'ils ont subi des pressions. "Non, mais on ne se sent pas bien à l'aise." Une des filles évoque la nécessité de se voiler si on la filmait. Je sens qu'ils ont peur. Mais de quoi, de qui ? J'ai le sentiment aujourd'hui que l'approche distanciée de leur religion dans un cadre neutre les mettait en danger. En tout cas, les professeurs hostiles à la séquence ont été soulagés. La neutralité, ce n'est pourtant pas le néant... »

4

Le politique et le religieux

Un détour par l'histoire et l'anthropologie semble ici nécessaire car il va permettre de saisir plus en profondeur ce qui se passe dans nos classes, ainsi que les ressorts de ces affrontements politiques et de ces clivages religieux. Comment comprendre en effet la laïcité sans aborder la nature du fait religieux et plus particulièrement sans cerner les rapports des religions avec l'ordre politique ? Il est vrai que la laïcité s'est construite en France, mais pourquoi les pays anglo-saxons sont-ils si rétifs à cette forme de séparation ? Question subsidiaire : que signifie le voilement des femmes qui prend de nos jours tant d'importance dans la vie sociale et politique, de l'Iran à nos lycées de banlieue ? D'où vient-il et quel est son rapport avec la religion musulmane ?

La religion : un récit qui fonde une croyance

Aussi loin que porte le regard dans l'espace ou le temps, on observe que les hommes ont universellement partagé des croyances collectives. Les traces splendides de certains de leurs rites les plus anciens nous sont devenues presque familières : Lascaux évidemment ;

mais aussi la grotte Chauvet, en Ardèche, où les premières peintures pariétales datent de trente-sept mille ans, peu après l'arrivée d'*Homo sapiens* en Europe occidentale... Des merveilles.

L'historien et philosophe Marcel Gauchet[1] propose une définition simple et extensive de ce qu'est une religion : pour lui, c'est un « récit imaginaire qui fonde une croyance collective » ; un « récit », autrement dit un mythe ou une série de mythes partagés qui s'emboîtent et se répondent – une mythologie – et donnent sens à l'existence et à la condition humaines. Ces récits imaginaires tentent de répondre à leur manière aux grandes questions que de tout temps les hommes se sont posées. D'où venons-nous ? Quelle est notre place sur Terre et dans l'Univers ? Que se passe-t-il après la mort ? Certaines religions sont sans dieux, mais non sans « esprits », c'est le cas notamment de celles des sociétés de chasseurs-cueilleurs ; d'autres en honorent plusieurs, ce sont les religions polythéistes ; d'autres enfin en célèbrent un seul, ce sont les trois religions monothéistes que nous connaissons et qui se sont développées d'abord autour du bassin méditerranéen. Elles partagent une partie de leur mythologie, en particulier le même récit de l'origine, la Genèse, et se disputent le même lieu sacré, Jérusalem. La plupart de ces croyances sont spécifiquement liées à un groupe humain et ne se soucient donc pas de prosélytisme. D'autres sont universalistes, c'est le cas du bouddhisme, du christianisme et de l'islam.

De tout temps, les religions ont rempli trois fonctions essentielles, vitales pour l'humanité. D'abord, unir un

1. L'ouvrage le plus accessible de Marcel Gauchet sur la question des relations du politique et du religieux est sans doute *La Condition historique* (Stock, 2003).

groupe humain, *fonder une communauté*, permettre aux hommes de penser et d'agir ensemble. Ensuite, *structurer une société* en définissant des statuts sociaux et en normant les comportements. Enfin, *perpétuer une culture* au-delà du cycle biologique du renouvellement des générations. Au cœur même de la seconde de ces fonctions, la fonction sociale, va surgir, avec la révolution néolithique et la constitution de communautés humaines plus nombreuses, le problème de la conduite, du gouvernement de ces communautés, *la question du politique* ; celle de savoir qui est légitime pour exercer le pouvoir et plus largement celle de la séparation et de la hiérarchisation des statuts sociaux. C'est à Sumer, il y a plus de cinq mille ans, qu'apparaissent, semble-t-il pour la première fois sur la planète, des cités-États et donc des rois ; mais aussi l'écriture et donc le droit ; et encore des divinités et donc des prêtres.

Le complexe théologico-politique

S'instaure partout une coexistence du pouvoir politique et du pouvoir religieux sur un principe simple mais essentiel : celui de la prééminence du religieux sur le politique. C'est la divinité qui légitime le souverain. L'au-delà qui détermine l'ici-bas. L'exercice du pouvoir, pour être accepté, se prévaut partout d'une volonté supérieure, d'une transcendance : ce n'est pas par ambition que j'exerce le pouvoir, ce sont les dieux qui l'ont voulu et me l'ont offert ; en m'obéissant, c'est à eux que vous obéissez. Ce principe semble universel. On qualifie ces sociétés d'« hétéronomes » car leurs normes morales comme leurs principes politiques proviennent d'une extériorité transcendante.

Quelques exemples montrent la prégnance et la pérennité de ce modèle au-delà des âges et des civilisations. Ainsi, le premier « Code pénal » connu (datant de 2112 avant notre ère), œuvre du roi Nammou, régnant sur la cité sumérienne d'Our, commence par invoquer la volonté des dieux Enlil et An pour proclamer le « règne de l'équité et de la vérité » dans le royaume, avant d'égrener les peines encourues pour chaque méfait. Sous l'Empire romain, l'édit de Caracalla (212) commence par ces mots : « D'une manière générale, c'est à la divinité qu'il faut avant tout reporter les causes et les raisons des choses. » Et l'empereur de rendre grâce aux dieux et de proclamer vouloir les honorer en accordant la citoyenneté romaine à tous les habitants de l'Empire, quelle que soit leur condition, leur nation ou leur religion, mesure révolutionnaire et universaliste s'il en est. Plus proches de nous, les rois des Francs puis de France se font « sacrer » – et deviennent ainsi sacrés aux yeux de tous – par l'évêque de Reims, représentant du pape, et règnent donc, de Pépin le Bref à Charles X, au nom du droit divin. Enfin, de nos jours, en Iran, la doctrine de la *willayât el-faqîh* (la « guidance du juriste ») consacre la tutelle du Guide de la révolution (choisi par des théologiens) sur le président de la République (élu par le peuple) ; tutelle d'autant plus étroite et efficace qu'elle dispose de son propre bras armé, celui des *pasdarans* (les gardiens de la révolution). Une manière pour les rois de s'affranchir partiellement de cette « guidance » du clergé a été, comme en Chine et en Égypte, de proclamer le souverain lui-même de nature divine : « Fils du Ciel » pour les empereurs de Chine, fils de Rê, le dieu-soleil, pour les pharaons.

Ainsi, au cours des millénaires et jusqu'à aujourd'hui, la religion et l'ordre politique sont restés étroitement imbriqués. Les gouvernants ont toujours recherché l'onction religieuse afin de se prévaloir d'une légitimité divine ; et la religion ne s'est jamais désintéressée du domaine politique, pourvoyeur de certains bénéfices et sur lequel elle a toujours exercé une tutelle plus ou moins sourcilleuse, et parfois complaisante. Religion et politique sont consubstantiels, à tel point que le philosophe Claude Lefort, spécialiste de philosophie politique et de l'émergence de la démocratie, parle à leur propos d'un véritable « complexe théologico-politique[1] ».

Cependant, en Occident chrétien, sur une période couvrant le dernier millénaire, on va assister à une lente séparation du politique et du religieux. Ce mouvement, qui connaîtra ses accélérations et ses régressions, débouchera sur une civilisation nouvelle, la nôtre – qu'on peut appeler la « civilisation des Lumières ». Civilisation si nouvelle à l'échelle de l'humanité que les croyances, les manières de penser et de se comporter du peuple qui a construit les cathédrales nous sont devenues aujourd'hui totalement étrangères et spontanément incompréhensibles. Nous sommes devenus, pour reprendre le mot de Marcel Gauchet, de véritables « analphabètes religieux ».

Le désenchantement du monde

C'est ainsi que le sociologue allemand Max Weber nomme ce lent mouvement de désengagement de la religion, de *sécularisation*, qui commence à toucher

1. Claude Lefort, *Essais sur le politique (XIXe et XXe siècles)*, Seuil, 1986.

profondément les sociétés occidentales à la fin du XIXᵉ siècle et qui fait parler de la « mort de Dieu » à un philosophe comme Nietzsche ou à un écrivain comme Dostoïevski. Pour Marcel Gauchet, ce mouvement de « sortie de la religion » a commencé bien plus tôt et a touché tous les domaines de la vie, tant les idées que les mœurs, la vie sociale que l'ordre politique. Et c'est pour lui la religion chrétienne elle-même – l'homme aime les paradoxes – qui en est l'initiatrice : le christianisme est selon lui la « religion de la sortie de la religion ». Ce n'est pas par hasard, soutient-il, que la démocratie, les droits de l'Homme et le progrès scientifique ont émergé en Occident chrétien. Le ver était en effet dans le fruit d'un des fondements théologiques majeurs du christianisme : le dogme de l'incarnation, autrement dit la double nature du Christ, Dieu et homme à la fois. Pendant mille ans, c'est la première qui a prévalu, l'art notamment en témoigne : Christ-Roi siégeant à la droite du Père, Christ en gloire de retour sur Terre à la fin des temps (la parousie)... Selon ce versant de la théologie chrétienne, l'homme n'est que de passage sur Terre pour y construire son salut par la vie pieuse (ou le martyre), il y séjourne dans l'attente de sa mort, de la résurrection et du jugement dernier.

Après l'an mil, la perspective millénariste de l'imminence de la fin des temps, de l'Apocalypse annoncée par l'Évangile de Jean, s'effondre et la théologie chrétienne se réoriente progressivement vers la nature humaine du Christ, jusque-là laissée en jachère. Apparaît alors une image inversée de Jésus, celle d'un homme, d'un homme supplicié, d'un homme souffrant comme tout homme : le crucifix. Parallèlement, c'est le sens de la vie qui se modifie, qui « revient sur Terre », qui « atterrit » ; une vie qui, pour la masse du peuple chrétien, s'ancre alors dans le travail de la terre, une vie de paysans qui s'attachent progressivement à leurs terres, y façonnent des terroirs et commencent à enterrer leurs morts dans des cimetières[1].

Parallèlement, avec la redécouverte des œuvres d'Aristote et de la philosophie grecque, une petite élite commence à se saisir de la question de la recherche du bonheur sur Terre, de la « vie bonne » ici-bas. Et par conséquent, dans le domaine politique, apparaît naturellement sous un jour totalement nouveau la question de savoir comment gouverner les hommes, celle du « bon gouvernement ». La question du politique.

La sécularisation progressive de la question politique

Rien de plus parlant pour mesurer l'ampleur des évolutions en cours dans ce Moyen Âge finissant que la contemplation des fresques allégoriques d'Ambrogio Lorenzetti dans la salle de la Mappemonde du palais municipal de Sienne, en Toscane ; et en particulier de celle du « bon gouvernement ».

Deux personnages s'imposent dans le tableau par leur stature : la Justice à gauche et le Bien commun à droite. Ils sont reliés par une corde passant par les mains des vingt-cinq membres du Parlement de la république siennoise et tenue par la Concorde (*con corda*, « avec la corde » en toscan), assise aux pieds de la Justice. Le Bien commun est entouré des sept « vertus » consacrées à l'époque : d'une part, les trois *vertus théologales*, la foi, la charité et l'espérance, celles qui

1. Guy Bois, *La Mutation de l'an mil*, Fayard, 1989.

viennent de Dieu, représentées par trois anges flottant dans le ciel ; d'autre part, les quatre *vertus cardinales*, le courage, la tempérance, la prudence et la justice, empruntées à Platon et Aristote – et qui ne doivent donc rien à Dieu –, vertus auxquelles l'artiste a joint la Paix et la Force d'âme, toutes représentées par des personnages solidement assis et encadrant de près les jugements du Bien commun. La relativisation de la religion dans la conduite des affaires publiques est déjà spectaculaire. Il est vrai que la présence toute proche de Rome et des États pontificaux, un voisin incommode pour Sienne, y prend peut-être sa part.

Près de deux siècles plus tard, à quelques lieues de là, à Florence, Machiavel écrit clandestinement *Le Prince*, un traité de stratégie politique proprement révolutionnaire, destiné à Laurent de Médicis, duc de Toscane. Il s'y affranchit totalement de la religion. La question posée par Machiavel n'est plus en effet de savoir comment bien gouverner, mais de déterminer comment obtenir et conserver le pouvoir. Sa réponse en définit les deux principes essentiels.

En premier lieu, le prince doit définir un but suprême, une cause transcendante : ce sera pour le prince toscan l'unité italienne, car, écrit Machiavel, « l'Italie est sans chefs, sans institutions, battue, déchirée, envahie, et accablée de toute espèce de désastres ». Laurent de Médicis doit donc incarner cette cause et répondre aux espoirs du peuple. En second lieu et pour parvenir à cette fin, le prince doit s'affranchir de toute contrainte morale dictée par la religion. D'abord vaincre : « La guerre est toujours juste lorsqu'elle est nécessaire, et les armes sont sacrées lorsqu'elles sont l'unique ressource des opprimés. » Ensuite et une fois victorieux, exercer et conserver le pouvoir : « Il faut qu'un prince qui veut se maintenir apprenne à ne pas être toujours bon, et en user bien ou mal, selon la nécessité. » La politique est la poursuite de la guerre avec d'autres armes. Aucun principe moral ne vaut, aucune transcendance divine ne prend place dans ce froid calcul. Seule la fin détermine les moyens. *La virtù* (la virtuosité, on dirait de nos jours l'efficacité) florentine a remplacé *le virtù* (les vertus) siennoises dans les principes du gouvernement des hommes… et les normes morales de la religion en ont totalement disparu. On peut bien sûr penser que le fait que la papauté soit la garante de ces normes et en même temps le principal obstacle à l'unité italienne n'est sans doute pas étranger à l'édification de la pensée machiavélienne.

Rome vacille

À la même époque, un moine allemand, Martin Luther, s'en prend lui aussi au pouvoir de Rome – mais avec une tout autre entrée, la théologie. Ses idées mettent le feu à l'Europe. À l'issue des guerres de Religion qui l'ensanglantent dans la seconde partie du XVIe siècle et au début du siècle suivant, le triomphe des partisans de la religion réformée en Europe du Nord permet aux rois et aux princes de s'affranchir de la tutelle politique de Rome… réalisant ainsi, trois siècles avant la France, l'instauration d'une forme de « séparation » du politique et du religieux ; un modèle dont les effets se font durablement sentir et sont pour beaucoup dans l'actuelle incompréhension anglo-saxonne envers la « laïcité à la française », qui relève, on va le voir au chapitre suivant, d'une tout autre histoire.

C'est précisément dans cette Europe luthérienne, plus libérale que l'Europe latine restée « papiste » et intolérante, dans les Provinces-Unies (les Pays-Bas d'aujourd'hui), que se déroule au XVIIe siècle une nouvelle étape du désenchantement du monde. René Descartes arrive en exil à Amsterdam en 1629, Baruch Spinoza y naît en 1632 dans une famille juive chassée du Portugal. L'un et l'autre, par leurs œuvres magistrales, vont porter un coup de boutoir décisif, dans le domaine des idées, à la prétention des religions à exercer leur autorité absolue sur les âmes, les institutions et la connaissance. Le premier, avec son *Discours de la méthode* (1637), ouvre la voie au progrès scientifique. Le second, avec son *Traité théologico-politique* (1670), montre le chemin de la séparation du politique et du religieux et la voie de l'émancipation des individus. Le droit de penser librement et la nécessité d'exercer la raison en toutes choses les rassemblent. La diffusion de leurs idées en Occident chrétien annonce le siècle des Lumières, son extraordinaire foisonnement intellectuel et, dans l'ordre politique, les révolutions américaine et française et leurs proclamations des droits de l'Homme.

5

En France, la laïcité

Comparer les premières lignes de la Déclaration d'indépendance américaine du 4 juillet 1776 à celles de la Déclaration des droits de l'homme et du citoyen du 26 août 1789 s'avère très instructif. Voici comment débute la première : « Nous tenons pour évidentes par elles-mêmes les vérités suivantes : tous les hommes sont créés égaux ; ils sont doués par *le Créateur* de certains droits inaliénables ; parmi ces droits se trouvent la vie, la liberté et la recherche du bonheur. » Et voici maintenant comment commence la seconde : « *Les Représentants du peuple français*, constitués en Assemblée nationale [...] ont résolu d'exposer, dans une Déclaration solennelle, les droits naturels, inaliénables et sacrés de l'Homme. » Les deux textes affichent la même ambition universaliste : au-delà des citoyens américains ou français, ils s'adressent en effet à l'ensemble de l'humanité. Mais le premier texte s'inscrit encore dans la tradition des millénaires qui l'ont précédé : la référence à l'ordre divin y légitime la décision politique ; c'est Dieu (le « Créateur ») qui confère aux hommes leurs nouveaux droits. Et même si la proclamation de ces droits ouvre les États-Unis d'Amérique à l'indépendance, à la démocratie et à une société autonome, elle emprunte encore la voie de l'hétéronomie.

Rien de tel avec la déclaration française, qui constitue, elle, une vraie rupture anthropologique. L'ordre divin y a en effet totalement disparu : ce sont les « représentants du peuple », des hommes et non pas Dieu, qui décident, en toute liberté, de définir de nouveaux droits pour les hommes. La déclaration américaine était certes un coup de tonnerre dans le firmament des empires, la déclaration française constitue quant à elle un véritable tremblement de terre pour l'humanité, dont les répliques n'ont pas fini de se faire sentir sur les cinq continents. Rompant avec des millénaires de références, de révérences et de subordination de l'ordre politique à l'ordre religieux, pour la première fois dans l'histoire de l'humanité, des hommes se donnent le droit de se donner des droits !

La patrie des individus-citoyens

Cette rupture n'est pas encore la séparation des ordres politique et religieux, ce n'est pas encore la laïcité. Plusieurs pas restent à franchir. Un premier sera fait avec la fin du monopole de la religion sur la société, avec la constitution d'un *état civil* en 1792 (enregistrement des naissances et des décès, célébration des mariages), la création d'une *instruction publique* (secondaire en 1804, primaire en 1832) et l'instauration d'une *santé publique* (création des hôpitaux publics en 1794).

Un second pas, qu'on pourrait qualifier de « doctrinal », et dont l'importance est souvent méconnue, réside dans une définition nouvelle de la citoyenneté. Sous l'Ancien Régime, un citoyen tient ses droits et ses obligations de l'appartenance à une cité, à un bailliage, à une province. Les protestants (jusqu'en 1790) et les Juifs (jusqu'en 1791) ne sont pas des citoyens, ils n'ont pas « droit de cité », de résider dans une ville, d'être propriétaires. C'est justement lors d'un débat à l'Assemblée nationale sur la question de l'accession des Juifs à la citoyenneté, en décembre 1789, qu'un député de la noblesse, le comte Stanislas de Clermont-Tonnerre, va définir ce qui deviendra la conception française et plus tard républicaine de la citoyenneté : « Il faut, déclare-t-il, tout refuser aux Juifs comme nation et tout accorder aux Juifs comme individus. Il faut qu'ils ne fassent dans l'État ni un corps politique ni un ordre. Il faut qu'ils soient individuellement citoyens. » Aujourd'hui encore, notre République ne connaît que des individus, considérés indépendamment de toute attache. Non pas que ces individus n'aient pas d'attaches, mais la puissance publique n'a pas à les connaître, au nom de l'indivisibilité de la République et de l'égalité entre tous. Cet « individualisme politique » est la dimension essentielle mais trop méconnue du principe de laïcité.

Les différents régimes qui se succèdent à partir de 1789 vont adopter trois attitudes successives par rapport à la religion. D'abord l'*inversion* du lien de subordination : c'est la « constitution civile du clergé » adoptée par l'Assemblée constituante en 1790. Le lien de l'Église de France avec Rome est coupé, les évêques et les curés sont élus par les citoyens, au niveau du département pour les premiers, de la commune pour les seconds et prêtent serment (« jurent ») devant la nation. Rome refuse ce nouveau statut et enjoint au nouveau clergé d'abjurer : c'est le schisme entre les deux Églises, la bleue et la blanche, entre prêtres « jureurs » et clercs « réfractaires ». Sous la Terreur, la Ire République va même adopter une politique ouvertement antireligieuse, allant jusqu'à fermer l'ensemble des lieux de culte entre 1793 et 1794. Puis, avec Thermidor, une première forme de séparation de fait s'installe ; mais qui ne satisfait pas vraiment la papauté.

La seconde attitude est celle du *compromis* entre le politique et le religieux. Bonaparte, en 1801, met fin au schisme en signant un accord avec le pape, le Concordat, instituant notamment une double tutelle, politique et religieuse sur le clergé. Ce texte sera complété par deux décrets, l'un pour les protestants en 1802 et l'autre pour les Juifs en 1808, l'ensemble régissant les rapports entre les cultes et l'État. Ce « régime concordataire » restera en vigueur jusqu'au vote de la loi du 9 décembre 1905 dans une France amputée alors des trois départements d'Alsace et de Moselle, et qui conserveront le statut concordataire après leur réintégration en 1918. La religion catholique y est reconnue comme celle « de la majorité des Français », les cultes luthérien, calviniste et juif sont également « reconnus » par la France et à ce titre leurs ministres sont rémunérés par la puissance publique.

La laïcité et la loi de 1905

Après une foisonnante activité législative – une vingtaine de lois laïques votées depuis 1880 –, la loi de 1905 affirme une troisième politique, *la séparation* totale, radicale, du politique et du religieux, sous une forme que n'aurait sans doute pas désavouée le comte de Clermont-Tonnerre puisqu'elle est essentiellement tournée vers les individus-citoyens et non vers les collectifs-religions, contrairement au statut civil du clergé de 1790 ou au concordat de 1801. Une nouvelle période s'ouvre pour la France, celle de la laïcité, parfaitement résumée par la première phrase de la loi : « La République assure la liberté de conscience. » Chaque mot y a son importance.

Avec le terme « république » – *res publica*, la « chose publique » –, ce n'est pas seulement l'État, c'est l'ensemble des institutions publiques – État, collectivités, établissements publics, écoles, hôpitaux, armée – dont il est question, ainsi que les organisations auxquelles est déléguée une mission de service public. « Assure » : ce n'est pas simplement « respecte ». Le rôle des institutions publiques et de ceux qui les incarnent et les font vivre, les agents publics, n'est pas un rôle passif, il est actif : celui d'assurer, autrement dit de garantir par leur action la liberté de conscience des individus. Enfin, « liberté de conscience » et non pas « liberté religieuse », car la République ne peut légiférer pour une partie des citoyens, ceux qui pratiquent un culte, en oubliant les autres, qui ont le droit d'être traités à égalité (et qui sont aujourd'hui, on le verra plus loin, la majorité des Français). La « conscience », c'est la conviction ou l'absence de conviction, religieuse ou non religieuse, voire antireligieuse. C'est là une liberté fondamentale qui est non seulement proclamée mais garantie par la loi. La liberté de conscience, c'est la liberté de penser librement, de croire ou de ne pas croire, de changer de conviction, de pratiquer ou pas une religion, d'observer ou pas certains rites.

Par cette petite phrase, la France enjoint aux institutions et aux agents publics de protéger les citoyens de toutes les contraintes, pressions et menaces que leurs convictions et l'expression de ces convictions pourraient subir. Il ne faut pas chercher ailleurs la raison de la conclusion de la commission Stasi en 2003 de proposer une loi pour bannir les signes de reconnaissance religieux dans l'espace scolaire, puis du vote de la loi de 2004 les interdisant. Il s'agissait clairement de protéger, dans les écoles, les collèges et les lycées, certains élèves des pressions qu'ils subissaient de certains autres, et parfois d'adultes, pour conformer leurs comportements et leur pensée à un modèle qu'ils n'auraient pas spontanément adopté et de les protéger du prosélytisme religieux ou politico-religieux.

La laïcité, c'est donc simplement l'engagement des pouvoirs publics de préserver la liberté de conscience des individus. Tout le reste en découle : la liberté de pratiquer son culte, si l'on en a un, affirmée par la seconde phrase de la loi ; la neutralité de la puissance publique par rapport aux convictions, religieuses ou non ; la garantie de l'égalité de traitement des citoyens, en particulier des hommes et des femmes.

Pourtant, les Français ne sont que 23 % à privilégier cette réponse lorsqu'on les interroge sur ce qu'est pour eux, avant tout, la laïcité[1] ; et les lycéens sont à peine plus nombreux, 27 %[2]. Ainsi, contrairement à ce que pensent beaucoup de Français et en particulier beaucoup d'élèves, la laïcité n'impose rien aux croyants ou aux adeptes d'une religion, mais tout à la République. La loi oblige en effet la République – en pratique les pouvoirs publics, les institutions publiques et les agents publics – à assurer la

1. Enquête de l'Ifop pour le Comité Laïcité République, octobre 2020.
2. François Kraus, « Enquête auprès des lycéens sur le droit à la critique des religions et les formes de contestation de la laïcité à l'école », Ifop et Licra, janvier 2021.

liberté individuelle des citoyens de croire ou de ne pas croire, à garantir la liberté collective des cultes, y compris en les subventionnant dans certaines institutions publiques pour y entretenir des aumôneries, enfin à rester neutre par rapport aux convictions, notamment religieuses, des citoyens, et à leur libre expression.

Le principe de laïcité constitue donc une triple protection pour les Français. D'abord pour les individus : elle leur garantit leur liberté de choisir une religion, d'en changer, d'en sortir et de ne pas en avoir ; liberté fondamentale nullement assurée aujourd'hui dans beaucoup de pays. Ensuite, pour les groupes religieux : la laïcité leur offre la protection de l'exercice de leur culte ; autre liberté essentielle, en particulier pour les groupes minoritaires qui risquent sinon de voir leurs libertés menacées et de se voir persécutés, comme c'est si souvent le cas dans les pays où la religion dominante est une religion d'État. Pour la société enfin : la laïcité garantit la neutralité des institutions publiques, c'est-à-dire qu'elle assure l'égalité des droits entre tous les citoyens quelles que soient leurs convictions : un des fondements de la démocratie.

La laïcité, une question de pédagogie ?

L'Union nationale des syndicats autonomes (Unsa) est une centrale réputée modérée. Bien qu'elle regroupe aujourd'hui des syndicats de plusieurs branches professionnelles, elle est issue du monde enseignant, où elle est l'héritière directe de la tendance majoritaire de l'ancienne Fédération de l'Éducation nationale (FEN) proche du Parti socialiste. Son syndicat le plus important, le Syndicat des enseignants (SE), est bien implanté dans l'enseignement primaire. Son secrétaire national chargé de la laïcité, Rémy-Charles Sirvent, est également secrétaire général du Comité national d'action laïque (Cnal), fondé en 1953 et qui regroupe plusieurs organisations laïques. Un peu surpris du silence de son organisation, nous l'avons interrogé sur la dernière enquête de l'Ifop et ses conclusions.

Il nous assure les partager bien qu'il regrette l'absence de questions portant sur l'efficacité des dispositifs pédagogiques existant et sur les pistes de résolution des problèmes rencontrés, ce qui pour lui constitue un défaut important de l'étude. À en lire les conclusions, on pourrait croire qu'il ne se passe rien sur le terrain, dénonce-t-il, alors que la frange la plus engagée des enseignants développe selon lui une multitude de projets sur l'apprentissage de la citoyenneté et l'enseignement vivant de la laïcité, en particulier dans l'enseignement primaire. La tonalité globale de l'étude masquerait ainsi l'idée que la pratique pédagogique est au cœur de la laïcité. C'est pourquoi son syndicat a entrepris de s'associer à une nouvelle étude auprès des enseignants, plus complète et à l'aide d'une méthodologie plus robuste, dont les résultats devraient être dévoilés lors d'un colloque national du Cnal en juin 2023.

Adversaire résolu de l'enseignement catholique, Rémy-Charles Sirvent souligne le piètre engagement de l'école privée dans l'apprentissage de la laïcité, relevant par exemple que ses enseignants, selon l'enquête de l'Ifop, ont été 39 % à ne pas organiser la minute de silence à la mémoire de Samuel Paty en octobre 2022, contre 25 % de ceux du public. Alors qu'il est tenu par la loi d'enseigner les valeurs de la République, l'enseignement catholique représente pour lui un « angle mort des atteintes à la laïcité », faisant ainsi peser « toute la charge d'une forme de culpabilité sur l'enseignement public ».

Les évolutions révélées par l'enquête ne sont toutefois pas évacuées : « L'essentiel, c'est ce qui se passe lorsque la porte de la classe se referme sur le professeur et les élèves. A-t-on mesuré les conséquences de l'assassinat de Samuel Paty sur les pratiques de classe ? Oui, les phénomènes d'appréhension, de prudence extrême, d'autocensure sont désormais fortement présents. » Le syndicaliste ne nie pas la dynamique de la peur et de l'autocensure mais la juge somme toute « compréhensible » au regard des lacunes de la formation initiale et de l'absence jusqu'en 2022 de formation continue. La formation à la laïcité déployée depuis cette date à l'initiative de Jean-Michel Blanquer lui semble pertinente dans son organisation car elle concerne « tous les personnels, enseignants et non enseignants, sur site, au sein de l'école ou de l'établissement », mais elle est jugée insuffisante en volume : « On dégrossit, c'est tout ; et même pour certains, on initie simplement. » Pour le syndicaliste, tout un pan de la formation des professeurs a été délaissé : « La manière dont on peut faire nation à travers l'école et quel projet de société est porté par le cadre scolaire. Comment cette petite société qu'est l'école peut rendre concrètes pour les élèves des problématiques plus globales. »

Pour lui, il faudrait dédramatiser les questions qui touchent à la sexualité, à l'orientation sexuelle, à la mixité et à l'égalité entre filles et garçons dont l'enseignement pose un problème avec certains élèves, et assumer une certaine « prise de risque » dans ces enseignements. Il faudrait aussi mieux faire la part de l'enracinement des stéréotypes culturels et cesser de croire que l'école peut tout faire dans ce domaine.

La critique récurrente de la hiérarchie, la dénonciation fréquente par certains enseignants d'un manque de soutien de leur chef d'établissement en cas de difficulté (le « pas-de-vaguisme ») ne lui semblent pas totalement juste : « Eux aussi ont peur », nous dit-il. Pour le syndicaliste, il faudrait également questionner l'isolement de beaucoup de professeurs du secondaire et leur absence de travail en équipe.

Ce dont les enseignants ont le plus besoin, c'est de reconnaissance, affirme-t-il. Elle se joue sur ces questions : « Les collègues qui s'engagent sur des projets qui développent l'esprit critique, qui valorisent le pluralisme des idées, qui favorisent la laïcité, quel est le gain pour eux ? Ne vaut-il pas mieux faire quelques heures supplémentaires sur des questions sans risques ? Est-ce que tout se vaut vraiment ? » Et de réclamer « un peu plus de générosité, de reconnaissance de l'institution envers ceux qui tentent de montrer qu'il existe un projet de société derrière l'école, un projet basé sur une immense quantité de libertés et quelques limites à ces libertés pour qu'elles puissent vivre[1] ».

Le principe de laïcité aujourd'hui

Depuis 1946, la laïcité est devenue un principe constitutionnel. Aujourd'hui, elle est le deuxième des quatre principes inscrits dans le premier article de notre Constitution : « La France est une République indivisible, laïque, démocratique et sociale. »

Sur le plan de la philosophie politique, la laïcité française est, on l'a vu, un individualisme politique : dans la république laïque, les individus-citoyens sont considérés de manière égale par le droit et par le pouvoir politique, indépendamment de leurs croyances et de leurs convictions ; nul n'y est tenu de choisir une religion plutôt qu'une autre ou qu'aucune ; chacun a le droit d'y critiquer une religion ou l'absence de religion. Mais cette construction fait volontairement abstraction d'une part majeure de ce qui constitue les hommes des sociétés démocratiques, qui ne sont pas seulement des individus politiques, des citoyens, et qui se reconnaissent aussi dans des appartenances multiples, des identités plurielles : culturelles, professionnelles,

1. Entretien avec Rémy-Charles Sirvent, secrétaire national du SE-Unsa, le 15 février 2023

sexuées et sexuelles, générationnelles, religieuses parfois. D'où la délicate ligne de crête que le droit républicain doit s'efforcer de tenir en permanence – et, lorsque c'est nécessaire, de tracer – entre le principe de liberté dans la vie sociale et le principe de laïcité dans la sphère publique ; de la Constitution au règlement intérieur de l'école ou de l'établissement scolaire, en passant par la loi de Séparation de 1905 et la loi du 15 mars 2004 sur les signes et tenues vestimentaires des élèves.

Si le principe de laïcité est simple à comprendre, ce « régime de laïcité » – pour reprendre la distinction opérée par Catherine Kintzler[1] –, c'est-à-dire sa mise en pratique concrète, s'avère une construction complexe, car il met en tension ce principe avec les autres principes de la démocratie, notamment la liberté, ainsi qu'avec les éthiques collectives et individuelles ; en particulier celles inspirées par des croyances. Mais justement, ces croyances, quelles sont-elles dans la France d'aujourd'hui ?

Les religions et les croyances en France

Lorsque les lycéens répondent pour 29 % d'entre eux que la laïcité c'est « avant tout mettre toutes les religions sur un pied d'égalité[2] », ils en donnent une définition erronée : on l'a vu, ce sont les *convictions individuelles*, religieuses et non religieuses, que la république laïque considère de manière égale, et non les *religions comme collectifs* institués ou simplement

1. Catherine Kintzler, *Penser la laïcité*, Minerve, 2014.
2. Enquête de l'Ifop pour le Comité Laïcité République, octobre 2020.

constitués. Ils oublient ainsi plus de la moitié des Français, comme l'établissent plusieurs études. L'examen de leurs résultats est en effet très instructif.

La première – « Trajectoires et origines » – date de 2009 et est due à l'Institut national d'études démographiques, l'Ined. Elle a été renouvelée en 2019-2020 en collaboration avec l'Institut national des statistiques, l'Insee. Elle donne ce tableau des « religions en France[1] ».

> 53 % sans religion (+ 8 points en dix ans*)
> 29 % de catholiques (– 14 points)
> 9 % d'autres chrétiens (+ 6 points)
> 10 % de musulmans (+ 2 points)
> 1 % de bouddhistes (+ 0,5 point)
> 0,5 % de juifs (=)
> *Les comparaisons entre les deux enquêtes portent sur les 18-49 ans.

Une deuxième est due à un sociologue, Pierre Bréchon, qui mène depuis 1978 une recherche de longue durée sur les « valeurs des Français » ; avec une enquête approfondie tous les dix ans permettant de mesurer les évolutions de la société, notamment celle des convictions religieuses[2]. La dernière livraison date de 2018 et donne, sur ce thème, des résultats très largement convergents avec l'étude de l'Ined, compte tenu des différences entre les populations de référence.

---

1. Lucas Drouhot, Patrick Simon et Vincent Tiberj, *La Diversité religieuse en France*, Insee-Références, 2023.
2. Pierre Bréchon, *Les Valeurs en France*, Presses universitaires de Vincennes, 2020.

	Population totale (plus de 18 ans)	Jeunes de 18 à 29 ans
Sans religion	58 % (+ 8 points depuis 2008)	68 %
Catholiques	32 % (– 38 points depuis 1978)	15 %
Musulmans	10 %	13 %
Autres	4 %	4 %

Dans les deux études, l'effondrement du catholicisme apparaît spectaculaire, et n'est sans doute pas terminé si l'on considère sa poursuite chez les jeunes. La sécularisation de la France se poursuit et s'en nourrit : les Français se déclarant sans religion constituent désormais une large majorité de la population, et même plus des deux tiers chez les 18-29 ans. Dans ce mouvement d'ensemble, la religion musulmane garde un dynamisme certain et pourrait devenir en deux générations la première de France, tout en restant très minoritaire chez les Français[1].

Une troisième étude, datant de 2010, porte sur les croyances et non pas sur les religions, elle a été menée par l'Eurobaromètre, un organisme dépendant de la Commission européenne, et réserve deux surprises[2].

1. Sur l'analyse de ce dynamisme, voir une étude plus complète dans Jean-Pierre Obin, *Comment on a laissé l'islamisme pénétrer l'école*, ouvr. cité, p. 43-46.

2. « Enquête sur les croyances en Europe », Eurobaromètre 2010.

27 % des Français « croient en l'existence d'un Dieu »
27 % « croient en l'existence d'un esprit ou d'une force de vie »
40 % « ne croient ni en l'un ni en l'autre[1] »
6 % déclarent ne pas savoir

Première surprise : beaucoup de Français déclarent donc avoir une religion sans croire à l'existence d'un Dieu. C'est un phénomène nouveau et qui tient sans doute aux progrès de l'individualisme. On les appelle parfois chrétiens, juifs ou musulmans « culturels », car ils manifestent un attachement à une tradition familiale ou culturelle sans pour autant être personnellement adeptes d'un culte ou adhérer aux dogmes de la religion qu'ils déclarent. Seconde surprise : l'athéisme est largement majoritaire en France et l'agnosticisme rassemble pour sa part un peu plus du quart des Français, à égalité avec les croyants en un Dieu.

La France est ainsi devenue le quatrième pays le plus sécularisé du monde[2], après la Chine et le Japon, le deuxième en Europe derrière la Tchéquie, qui ne compte que 16 % de personnes qui « croient en l'existence d'un Dieu[3] ». Ce mouvement de sécularisation est général dans le monde puisque entre 2005 et 2012 la proportion de personnes déclarant avoir une religion y a chuté de 9 points, tandis que la proportion se disant « athées convaincus » a augmenté de 3 points[4].

1. L'Ifop fournit un chiffre très proche (44 %) en 2011 et le compare à celui de 1947 (20 %).
2. « Études sur les religions dans le monde », Institut WIN/Gallup International, 2005 et 2012.
3. « Enquête sur les croyances en Europe », réf. citée.
4. « Études sur les religions dans le monde », réf. citée.

La position de la France est de plusieurs façons singulière : mère de la « révolution anthropologique » de 1789, puis en 1905 de la séparation totale du politique et du religieux sur la base de l'individualisme politique (la laïcité), sa société présente aujourd'hui une sécularisation prononcée et une diversité de convictions sans égale. La France a été et reste donc dans le monde, et pour le monde, un pays d'avant-garde doté de responsabilités particulières devant l'histoire ; ce qui en fait aussi la cible de tous les conservatismes et de toutes les réactions.

6

Le traumatisme Samuel Paty

« La France des profs a peur »

Reprenant l'ouverture devenue célèbre d'un journal télévisé (« La France a peur »), c'est ainsi que son auteur résume pour un média l'étude qu'on vient d'analyser[1]. Mais il ne s'agit plus comme en 1976 de la traque du tueur d'un enfant, mais du résultat sur les enseignants de cette sorte de guérilla permanente menée à bas bruit par une fraction des élèves et par certains de leurs parents contre l'enseignement et les règles de l'école républicaine. Mais ce n'en est pas la seule raison et peut-être pas la principale.

L'assassinat du professeur Samuel Paty, le 16 octobre 2020, a laissé des marques profondes et sans doute durables chez beaucoup de professeurs. Ils en parlent peu mais on ne doit pas en mésestimer les séquelles. Au printemps 2021, nous alertions ainsi le ministre, Jean-Michel Blanquer : « Il faut écouter ces directeurs d'école et ces chefs d'établissement parler de la blessure encore ouverte que constitue toujours pour les enseignants l'assassinat de leur collègue Samuel Paty, de leur peur aujourd'hui face à certains de leurs élèves – ou de leurs parents – et

1. Interview de François Kraus par Lyon Capitale, 4 janvier 2023.

de la souffrance intime qui naît de leur honte d'avoir peur et d'avoir parfois renoncé à réagir à certains propos ou à enseigner une partie de leur programme[1]. » Un an plus tard, un témoignage poignant d'un professeur souhaitant garder l'anonymat, confié à une journaliste, venait de nouveau alerter l'opinion du développement de la peur et de l'autocensure chez les enseignants[2].

On peut aujourd'hui parler d'un véritable traumatisme professionnel, avec ses formes de refoulement ou de déplacement du trauma chez certains, comme dans le témoignage de Laura, pour laquelle l'insupportable n'est pas l'acte criminel lui-même, mais tout ce qui pourrait réactiver son souvenir, comme les instructions ministérielles de rendre hommage à la mémoire du professeur assassiné ou de participer une fois l'an à un exercice antiterroriste.

Une immense farce ?

Laura a la cinquantaine. Elle est professeur de lycée professionnel dans un établissement situé au cœur d'une grande ville. Après l'avoir pratiquée comme professionnelle, elle enseigne maintenant une spécialité d'art appliqué dans un lycée en partie consacré aux métiers d'art. Ses élèves, filles et garçons, sont assez divers sur le plan social et plutôt motivés.

Elle témoigne : « Dans mon travail, je ne me suis jamais sentie vraiment empêchée, il n'y a pas de sujet sensible, même en histoire de l'art. Par exemple, j'étudie avec certains *L'Origine du monde*, de Courbet, sans aucun problème. C'est plutôt soft comme image, avec le porno ils en ont vu d'autres…

1. Jean-Pierre Obin, *La Formation des personnels de l'Éducation nationale à la laïcité et aux valeurs de la République*, rapport au ministre de l'Éducation nationale, mai 2021.

2. Carine Azzopardi, *Ces petits renoncements qui tuent*, Plon, 2022.

Après la mort de Samuel Paty il a fallu obéir aux injonctions du ministère. On était tous un peu choqués quand même... C'est tombé au hasard sur la classe qu'on avait ce matin-là. On nous a balancé un tas de documents sur les valeurs de la République et débrouille-toi. J'étais hyper mal à l'aise. Beaucoup d'élèves ne voulaient pas parler, j'ai des élèves musulmans pratiquants... J'ai fait n'importe quoi, à l'arrache, sans préparation. C'était grotesque, je me suis sentie seule au monde. Une grande solitude. Je refuserai désormais de refaire un hommage à Samuel Paty dans ma classe. Et je ne suis pas la seule.

Dans mon enseignement sur les images ou le dessin d'art, je n'aborde jamais le sujet de la caricature. Je pourrais, mais je ne le fais pas. Je ne me sens pas autorisée à y penser, ça me fait trop flipper. Je ne suis pas kamikaze. L'an dernier, en première, un élève s'est isolé, renfermé. Il avait sur le front la bosse de la prière. On disait qu'il s'était radicalisé. En classe, j'avais peur qu'il réagisse sur certains sujets.

Une ou deux fois par an, on nous oblige à participer à des exercices antiterroristes. C'est hyper-angoissant, anxiogène, ça ne sert à rien qu'à nous angoisser. Ça n'apporte rien, c'est une immense farce. »

Un sentiment d'abandon

Sans forcément adopter le ressentiment de Laura à l'égard du ministère pour tout ce qui pourrait réactiver son angoisse, plus des trois quarts des enseignants interrogés par l'Ifop estiment que « le ministère de l'Éducation nationale n'a pas tiré les enseignements de l'assassinat de Samuel Paty et de la manière dont l'institution a géré les faits ». Ce très large sentiment d'insécurité professionnelle, et parfois personnelle, s'ancre bien sûr dans l'horreur absolue de l'acte terroriste – la décapitation au couteau. Mais il s'enracine aussi dans ce qui l'a précédé et l'a rendu possible : les erreurs de jugement de l'administration locale sur la démarche d'un père berné par sa fille et accompagné d'un agitateur islamiste fiché S, la position floue et ambiguë de l'administration académique, l'humiliation d'avoir à reconnaître une « erreur » pédagogique, d'avoir « froissé » des familles et de devoir leur présenter des excuses, le désaveu de certains collègues, la trahison d'un groupe d'élèves qui ont vendu le professeur à l'assassin pour quelques centaines d'euros[1]. La police a trouvé un marteau dans le cartable du professeur, pathétique et terrible symbole de l'absolue solitude de sa fin.

Les « profs » n'en parlent jamais mais y pensent souvent, car il était un enseignant ordinaire, qui tentait comme chacun d'eux de faire honnêtement son métier. Le terrorisme est fait pour cela, pour terroriser, et il y est parvenu. Oui, bien sûr, « les profs ont peur ». Peut-on leur en jeter la pierre ? Ils ont d'autant plus peur qu'ils ne se sentent pas soutenus ni protégés par leur institution, ni accompagnés pour appréhender des situations nouvelles et y faire face. C'est là la troisième raison de la « peur des profs ». Un des pires épisodes que certains relatent dans leur témoignage, comme Laura, est celui de la rentrée des vacances de la Toussaint 2020, deux semaines après l'assassinat de leur collègue, avec l'instruction du ministère de faire respecter une minute de silence à sa mémoire puis d'entamer un « dialogue » avec les élèves. Le ministre avait concédé aux syndicats une matinée « banalisée », sans élèves,

1. David Di Nota, *J'ai exécuté un chien de l'enfer. Rapport sur l'assassinat de Samuel Paty*, Le Cherche midi, 2021.

pour que les enseignants puissent préparer collectivement, entre eux, ce moment difficile et peu ordinaire. L'annulation au dernier moment de ce temps de préparation collective a conduit les écoles, les collèges et les lycées à abandonner tout ce qu'ils avaient préparé. Et le 2 novembre 2020 au matin, les professeurs, sous le choc de l'événement et pris par l'émotion, se sont pour la plupart retrouvés seuls dans leur classe à improviser dans les pires conditions. Le sentiment de gâchis reste encore très vivace dans les mémoires. Voici le témoignage de Sarah, somme toute mesuré mais significatif d'un fort sentiment d'abandon par l'institution et par le monde politique.

« Débrouillez-vous ! »

Sarah a la cinquantaine, elle est professeure d'histoire-géographie dans un lycée de centre-ville d'une grande métropole de province depuis six ans, après avoir enseigné dans plusieurs collèges de villes moyennes. Elle enseigne aussi l'éducation morale et civique (EMC) dans une classe de seconde.

Elle confie : « Cette année pour la première fois j'ai renoncé à enseigner la laïcité et la liberté d'expression avec cette classe. C'est une classe plutôt difficile, composée aux deux tiers d'élèves ayant pris l'option de langue arabe. Et la direction a choisi de composer le tiers restant avec d'autres élèves tous d'origine maghrébine ! Il n'y a pas de tension particulière avec eux mais aucun contact entre filles et garçons et un sexisme ouvert et permanent. C'est atroce de le dire mais j'ai été contente de ne pas être avec eux pour l'hommage à Samuel Paty cette année !

Avec les premières et les terminales, c'est plutôt une autocensure diffuse, une vigilance constante, une forme d'autocontrôle permanent pour être sûre que rien ne risque de heurter une sensibilité. Je suis tout le temps sur mes gardes. Par exemple, j'ai supprimé certaines de mes expressions comme "Ça, c'est votre bible" ou "Tu écris comme un cochon" et je fais attention à maintenir une certaine distance physique avec les garçons musulmans. C'est une peur constante. C'est peut-être ça qui définit la terreur.

Je pense que ça a commencé il y a deux ou trois ans, c'est clairement lié à l'assassinat de Samuel Paty. Pour moi ça a été un véritable effondrement. La rentrée de la Toussaint 2020 a été d'une violence infinie. Le changement de pied de Jean-Michel Blanquer m'a paniquée. Encore heureux que notre proviseur ait décidé de désobéir et de banaliser les deux premières heures de la matinée pour nous réunir. Mais une fois dans la classe : la solitude complète, j'ai été désemparée. Ce n'est pas seulement une question de formation, il n'y a aucun accompagnement en cas de difficulté et on ne voit jamais les inspecteurs. Beaucoup de collègues n'abordent pas les questions de religion. De toute façon, l'histoire des religions est complètement absente des programmes.

Depuis, rien n'a bougé. Le ministère délègue tout aux établissements. C'est ce qui s'est encore passé cette année avec les tenues religieuses et les abayas : "Débrouillez-vous !" S'il y a de nouveaux anniversaires des attentats de 2015 ou pour Samuel Paty à l'avenir, j'ai peur de me retrouver seule dans ma classe, ça peut me mettre en danger pour rien. Un élément déclencheur, quelque chose d'irrationnel, un petit conflit qui peut dégénérer, c'est ça qui est terrible. Dernièrement, dans un collège voisin, une collègue présente le tableau de Delacroix *La Liberté guidant le peuple*, mettant en scène une femme au sein nu. Elle s'est fait violemment injurier par un élève. Je ne me sens pas pour l'instant en insécurité personnelle, mais vraiment en insécurité professionnelle.

Sur les sujets sensibles en histoire, ça se passe plutôt bien. Sur la Shoah, oui, ça se passe bien. Sur le conflit israélo-palestinien, c'est plus tendu, mais ça va. Je laisse certains élèves exprimer leurs critiques de la politique d'Israël tant qu'ils ne manifestent pas d'antisémitisme. Sur la colonisation, ça va aussi, sauf sur la guerre d'Algérie, où là c'est vraiment tendu. C'est vrai qu'en collège, c'est beaucoup plus difficile et beaucoup de collègues ont vraiment du mal à enseigner ces questions. En lycée, on bénéficie de l'écrémage des 20 % partis vers l'enseignement professionnel, et les élèves sont plus matures, ils ont appris à se contrôler. Mais je ne me fais pas d'illusions, ce n'est pas nous qui changeons la donne. Je vois bien que nous n'avons plus de prise sur certains élèves : ils ne disent rien, ils se taisent mais on sent leur hostilité. À mon avis ce n'est pas par religiosité mais c'est une attitude d'affirmation identitaire : "On n'est pas français, on n'a pas la couleur", m'a dit un jour l'un d'eux.

J'ai peur qu'à nous crisper sur la question religieuse et la laïcité, nous renforcions l'affirmation identitaire. Pourtant je suis absolument opposée à un assouplissement des règles laïques. Je le sais : je suis en pleine contradiction. Mais je pense que le problème ne peut pas être résolu à l'école, c'est une question extérieure, politique, sociale. On l'a laissée pourrir et on récolte ce qu'on a semé. »

Samuel Paty a été assassiné à la sortie de son collège à la veille des vacances de la Toussaint, le 16 octobre 2020. Nous avons voulu savoir ce qu'il s'était passé ce jour-là et les jours suivants au cabinet du ministre de l'Éducation nationale.

« On n'est pas blanc-bleu »

Jean-Jacques a été durant les cinq ans qu'il a passé au ministère de l'Éducation nationale un proche collaborateur de Jean-Michel Blanquer, qu'il avait déjà côtoyé dans d'autres fonctions. Il témoigne : « Nous avons tous appris la nouvelle de l'assassinat de Samuel Paty par les fils info ou des textos envoyés par des proches. Personne dans l'entourage du ministre n'avait jusque-là entendu parler de ce qui se passait depuis dix jours au collège de Conflans-Sainte-Honorine. Je pense que le ministre lui-même n'était pas informé. Ça a été la stupeur. Nous étions tous accablés. Les journalistes n'arrêtaient pas d'appeler. Nous avons préparé un communiqué de presse, reçu des consignes pour être présents sur les plateaux de télévision et dans les matinales radio du lendemain. De son côté, le Conseil des sages de la laïcité a eu mandat de recevoir rapidement tous les partenaires, syndicats, associations de parents et organisations étudiantes et lycéennes et de faire une synthèse de ces rencontres pour le ministre. Dans la journée même, le vendredi, le ministre a accompagné à Conflans le président de la République, qui voulait témoigner de sa solidarité avec la communauté éducative du collège.

Le ministre nous a réunis le lundi matin pour nous donner les dernières informations et programmer la suite. Il semblait à la fois très affecté et très mobilisé. Mais j'ai senti qu'il n'avait pas les coudées franches pour rechercher ce qu'on avait loupé : le président avait fait l'éloge de l'action de la principale dès le vendredi : "Nous avons vu madame la proviseure [*sic*], qui, avec un courage remarquable ces dernières semaines, a tenu face à toutes les pressions, a exercé son métier, fait son devoir avec un dévouement remarquable[1]." Quant à la rectrice, elle a la réputation d'être intouchable puisque c'est une de ses camarades de promotion de l'ENA, pour laquelle Emmanuel Macron n'a pas hésité à faire modifier un décret pour permettre sa nomination à la tête de la plus grande académie de France. La polémique en 2018 avait été intense dans la presse pour dénoncer ce fait du prince[2]. Bref, la messe était dite, du moins en attendant la conclusion des procédures judiciaires, et il fallait se consacrer à l'action, à l'action et encore à l'action.

Pourtant nous avions tous des interrogations, mais ça semblait impossible de lui en parler. Blanquer a toujours été d'une très

1. Déclaration du président de la République au collège de Conflans, le 16 octobre 2020.

2. « Macron change les règles de nomination des recteurs pour placer une camarade énarque », *Le Point*, 4 octobre 2018.

grande loyauté envers le président ; on ne peut pas dire qu'il en ait été récompensé… Mais entre nous on discutait pas mal : du mail à Samuel Paty d'un de ses collègues d'histoire pour se désolidariser et qui avait fuité, du coup de fil de la rectrice à un cadre du ministère qui s'apprêtait à répondre aux questions d'un journaliste sur une radio, pour lui assurer de manière insistante que "tout avait été bien fait", de l'action du référent laïcité du rectorat reprochant à Samuel Paty de ne pas être au clair avec la laïcité et d'avoir "froissé" des élèves, et lui demandant de reconnaître son "erreur", de la réception par la principale du collège d'un homme se présentant comme le "représentant des imams de France" et qui s'avère être un agitateur islamiste connu comme le loup blanc, il aurait suffi de dix secondes sur Google pour savoir qui il était. Le rapport de l'inspection générale (IG), livré très vite au ministre, derrière une apparente rigueur chronologique, ne lève aucune de ces interrogations et donne implicitement quitus à l'ensemble des acteurs[1]. Ce qu'a très bien compris le référent laïcité que j'ai croisé peu après : "Moi, de toute façon, l'IG a dit que je n'étais pas responsable." Il y a eu depuis l'enquête de David Di Nota[2] et surtout le dépôt de plainte de la sœur de Samuel Paty pour "non-empêchement de crime" et "non-assistance à personne en péril", visant des responsables de l'Éducation nationale et de l'Intérieur[3].

Moi, je ne suis pas juge, mais on n'est pas blanc-bleu ! C'est la justice qui tranchera, après tout c'est son rôle. »

---

1. Roger Vrand et Élisabeth Carrara, *Enquête sur les événements survenus au collège du Bois-d'Aulne avant l'attentat du 16 octobre 2022*, rapport au ministre de l'Éducation nationale de la Jeunesse et des Sports, octobre 2022.

2. David Di Nota, *J'ai exécuté un chien de l'enfer*, ouvr. cité.

3. M[e] Le Roy : « Des fautes ont été commises tant du côté de l'Éducation nationale que du côté du ministère de l'Intérieur, sans lesquelles Samuel Paty aurait pu être sauvé » (« La famille de Samuel Paty porte plainte contre l'administration pour "non-empêchement de crime" », *Le Monde*, 6 avril 2022).

7

Pas de vagues ?

Dans l'étude de l'Ifop menée en 2020[1], on a posé aux enseignants qui avaient été victimes de contestations de leur enseignement la question de savoir s'ils les avaient signalées et à qui. Seuls 56 % d'entre eux déclarent l'avoir fait à un responsable de leur établissement. Manque de confiance ? Risque d'être mal jugé ? Culpabilité de n'avoir pas su faire ? « Surtout ne pas faire de vagues… » La formule est souvent reprise par les enseignants pour dénoncer la « prudence » et le manque de soutien de leur hiérarchie de proximité, autrement dit de leurs directeurs d'école ou chefs d'établissement dès qu'il s'agit de les aider ou de les protéger dans une difficulté. Dans un témoignage qu'on lira plus loin, Claire, enseignante en école primaire, confrontée à son directeur et à son inspecteur, qui refusent de signaler la maltraitance d'un enfant par son père, dit qu'ils « relativisent pour ne pas faire de vagues, pour monter, pour avoir des promotions ». C'est sans doute vrai, mais peut-être eux aussi ont-ils peur. Et eux aussi ont une hiérarchie. L'enquête menée auprès de ses adhérents par le principal syndicat du personnel de direction,

1. François Kraus et Iannis Roder, « Les enseignants de France face aux contestations de la laïcité et au séparatisme », Ifop et Fondation Jean-Jaurès, janvier 2021.

le SNPDEN, évoquée plus tôt, lève un coin du voile sur cette question. Parmi les raisons invoquées par les chefs d'établissement eux-mêmes pour ne pas signaler au rectorat les atteintes à la laïcité qu'ils constatent dans leur collège ou leur lycée figurent en effet : « La conviction qu'ils ne seront pas suivis par l'institution et qu'ils seront seuls face à ces situations complexes » et « la crainte d'être considérés comme incompétents et l'impact éventuel sur leur carrière ».

Chef d'établissement, un métier difficile

Il faut se mettre un moment dans la peau de ces cadres intermédiaires pour tenter de comprendre ce qui les anime. Chef d'établissement est un métier difficile. L'Éducation nationale a toujours eu du mal à sélectionner des principaux de collège et des proviseurs de lycée de qualité, malgré plusieurs revalorisations de leur carrière et de multiples ouvertures de leur vivier de recrutement. Le métier attire finalement peu les professeurs : trop de responsabilités, et surtout moins de liberté et beaucoup plus de contraintes, comme l'obligation de résider dans l'établissement, les astreintes de nuit, de week-end et d'une partie des vacances scolaires, des horaires élastiques et l'inflation des réunions. Un chef d'établissement préside, dans son collège ou son lycée, pas moins de treize conseils, comités et commissions internes réglementaires. Sans compter les commissions et groupes de travail qu'il peut lui-même créer dans le cadre du projet de l'établissement. Bien sûr, il délègue une part de ces tâches, il reste néanmoins le seul responsable des décisions prises. Les principaux et les proviseurs n'ont jamais les coudées vraiment franches, ils sont toujours placés entre le marteau des circulaires ministérielles, qui les pilonne d'instructions les plus diverses à un rythme soutenu – cela va de l'utilisation d'une obscure application informatique à la mise en place de la dernière réforme –, et l'enclume d'un corps enseignant plutôt conservateur et par nature épris d'une « liberté pédagogique » inscrite dans le marbre du Code de l'éducation. Dans ces conditions, diriger une communauté de plusieurs centaines d'élèves et de personnel relève de la gageure ou de la performance.

À cela s'ajoute que l'administration de l'Éducation nationale n'a jamais vraiment tranché entre deux conceptions de leur rôle : l'ancienne, jacobine, normative et bureaucratique, et une nouvelle fondée sur la définition d'objectifs et l'évaluation des résultats, laissant en principe aux établissements une grande autonomie de réalisation. Les chefs d'établissement sont donc pris dans des injonctions parfois paradoxales et soumis à un surmoi professionnel complexe. Une voix leur murmure en permanence « Sois loyal ! Obéis ! », tandis qu'une autre leur susurre « Sois efficace ! Réussis ! » Cela n'est pas forcément contradictoire, on peut parfois appliquer scrupuleusement les directives et obtenir de bons résultats, mais dans la pratique cela ne va pas toujours de soi.

La plupart des chefs d'établissement ont parfaitement intériorisé qu'une des attentes tacites de leur hiérarchie (directeurs académiques et recteurs) est qu'on entende le moins possible parler de leur établissement. Du moins dans la rubrique des dysfonctionnements internes, des conflits avec les parents, des débrayages d'enseignants, des atteintes à la laïcité et des faits de violence dont la presse locale et les journalistes de France 3 font parfois leurs choux gras. Cela leur convient plutôt car la recherche de la paix est leur valeur professionnelle cardinale. Selon une étude académique portant sur une petite centaine de situations complexes impliquant des décisions difficiles, le maintien de la paix scolaire est le motif le plus souvent invoqué par les chefs d'établissement pour écarter, lors de leurs prises de décision, une de leurs obligations juridiques[1]. La recherche de la paix est évidemment un but louable et légitime pour un responsable d'établissement scolaire, personne de sensé n'aime les conflits. Mais le respect du droit, pour un fonctionnaire d'autorité, ce n'est pas mal non plus...

La couardise de certains chefs d'établissement, parfois brocardée par des enseignants – on se souvient de la campagne #pasdevague sur les réseaux sociaux –, mérite donc sans doute d'être relativisée. Ils ne sont pas seuls en cause et se sentent souvent isolés et peu soutenus par leur propre hiérarchie, qui les maintient dans une double contrainte permanente : d'une part en leur rappelant sans cesse l'autonomie de leur établissement, leur responsabilité personnelle et leur fonction décisionnelle, et de l'autre en les prévenant des risques de toute décision un peu courageuse, en leur conseillant à tout propos la prudence et en prêchant implicitement la résignation. Le moins qu'on puisse dire est que les plus républicains d'entre eux n'ont pas le sentiment d'être toujours encouragés lorsqu'ils veulent tenter d'enrayer les atteintes à la laïcité. L'exemple de Marie est à cet égard éloquent.

Marie et le recteur

Marie est proviseure de lycée, après avoir été professeure d'histoire-géographie, toujours dans des établissements difficiles. C'est une battante, elle veut faire bouger les choses. Elle

1. Richard Étienne et *al.* (dir.), *Diriger un établissement scolaire*, De Boeck, 2019.

se dit « heurtée » par la formation qu'elle a reçue, par l'« idéologie managériale » des formateurs de son académie, par leur confusion permanente entre autorité et pouvoir. « Je pensais qu'on devait travailler avec les profs, on m'a appris à travailler contre eux ! » Après quelques années comme adjointe, on lui a confié la responsabilité d'un collège, puis d'un petit lycée, enfin d'un grand établissement dans une banlieue défavorisée, un lycée qui prépare aux bacs généraux et à plusieurs bacs technologiques et professionnels des secteurs industriels et tertiaires.

Elle raconte : « Socialement, le recrutement du lycée est très homogène : seulement 2 % des familles des 1 200 élèves appartiennent aux catégories supérieures. Une grande majorité des élèves sont issus de pays musulmans. Sur la commune, les défaillances sociales de l'État sont suppléées par des œuvres caritatives contrôlées par des mosquées, des associations ou des groupes affiliés aux Frères musulmans ou relevant du salafisme. En particulier dans le domaine éducatif avec l'aide aux devoirs et le soutien scolaire dans le primaire. Ici, on connaît toutes les problématiques de la pauvreté : les bandes délinquantes, les violences familiales, les trafics en tous genres, les émeutes de quartier, les problèmes de santé, la prostitution et, à partir des années 2000, l'islamisme, le contrôle des femmes, la radicalisation des jeunes avec des départs vers la Syrie !

Quand j'ai pris mon poste, j'ai trouvé une situation étrange en matière de respect de la laïcité : quelques dizaines de lycéennes musulmanes arrivaient voilées au lycée, elles avaient obtenu le droit d'entrer avec leur voile dans l'établissement et de le traverser jusqu'aux toilettes, où elles pouvaient l'enlever et le ranger dans leur sac. On avait aussi disposé un grand miroir à la sortie des bâtiments pour qu'elles puissent réajuster leur tenue religieuse avant de rentrer chez elles. C'était totalement contraire à la loi. J'ai mis fin à ça et j'ai expliqué pourquoi aux délégués des élèves du CVL, le conseil de la vie lycéenne.

À partir de là, une trentaine de filles ont continué d'afficher leur religion en portant de manière permanente une tenue islamique qu'elles appellent un jilbab, un vêtement féminin composé d'une longue robe prolongée par une sorte de capuche. Je savais que c'était aussi contraire à la loi et d'ailleurs elles revendiquaient auprès de leurs camarades de se distinguer comme de "vraies musulmanes". Mais, dans mon bureau, elles assuraient que ce n'était pas un vêtement religieux, juste culturel ou à la mode. Je n'ai pas voulu pénaliser ces élèves par des sanctions, alors j'ai entamé un long dialogue avec ces jeunes filles et leur famille, comme la loi le prévoit. J'ai reçu les élèves et les familles, une à une, toujours des mères. Une grande majorité des mamans que j'ai reçues pleuraient dans mon bureau. Elles étaient désespérées, elles avaient peur que leurs filles arrêtent leurs études. Elles les savaient sous l'influence des islamistes. Dans la commune, il y a des jeunes qui sont partis en Syrie. Certains sont morts. C'est un tabou d'en parler mais tout le monde le sait.

C'est là que j'ai découvert que la radicalisation des enfants était souvent liée à des violences intrafamiliales gravissimes. Des coups, des tabassages, parfois des viols. J'ai proposé aux mères de rester en contact téléphonique et de les revoir dès que le comportement de leur fille pouvait susciter une inquiétude, dans la famille ou au lycée. J'ai réussi à établir une relation de confiance avec la plupart de ces femmes, soucieuses de la sécurité et de la réussite de leurs enfants. Du coup, deux ans après, pratiquement tous les jilbabs avaient disparu.

J'ai été alertée par les policiers des renseignements territoriaux sur une mère d'élève soupçonnée d'être une propagandiste islamiste, qu'ils étaient chargés de suivre. Je la connaissais bien, c'était une des représentantes de la principale organisation de parents du lycée, la FCPE. Une femme instruite, mère de plusieurs enfants qui avaient fréquenté un établissement privé catholique voisin avant d'entrer au lycée. Entièrement voilée elle-même et même gantée, elle venait en voiture, matin, midi et soir, amener et chercher ses enfants et en profitait pour s'entretenir avec les élèves voilées.

Un jour, l'inspection académique reçoit une lettre signée par cette femme et par le responsable départemental de la FCPE me dénonçant comme "islamophobe" : je serais sortie de mes fonctions, on m'accusait de m'être immiscée dans la vie des familles musulmanes afin de dresser les filles contre leurs parents ! Rien que ça ! Je suis convoquée à une réunion avec cette femme, le responsable départemental de la FCPE et deux proches collaborateurs du recteur : le proviseur vie scolaire et le référent laïcité du rectorat. Les deux représentants du recteur écoutent avec beaucoup de bienveillance la thèse de mon accusatrice et me donnent ensuite la parole pour que je me défende. Puis ils livrent leur verdict et condamnent mon action auprès des familles de ces lycéennes. Pour m'accuser, le référent laïcité a été jusqu'à affirmer que le jilbab, rebaptisé "robe longue", n'était pas une tenue religieuse ! C'était très éprouvant. En fin de réunion, ils sont convenus, entre le rectorat et la FCPE, que je n'avais plus le droit d'inviter les familles dans mon bureau. Je leur ai fait répéter trois fois : la FCPE demande que la proviseure d'un lycée ne soit plus en relation avec les parents, c'est bien ça ? Vous voyez l'absurdité de la chose ! Et le rectorat le lui accorde ! Évidemment, que des décisions orales, rien d'écrit ! Vous pensez bien que ma hiérarchie, courageuse comme elle est, n'aurait jamais écrit ce qu'elle me demandait de faire et qui est totalement illégal ! Pire, ils ont demandé à la mère d'avertir directement l'inspection académique de tous les problèmes que des familles lui signaleraient. Autrement dit, le rectorat ordonnait à un chef d'établissement de ne plus assurer une part de ses fonctions réglementaires et confiait à une propagandiste islamiste la surveillance du respect de cette injonction !

J'ai désobéi ! J'ai contacté toutes les mères avec lesquelles j'avais travaillé pour leur demander de me confirmer par écrit qu'elles souhaitaient continuer à collaborer avec moi. Et toutes l'ont fait. Et j'ai continué ! Mais le recteur m'avait dans son collimateur et l'année suivante lorsque j'ai voulu faire une cérémonie laïque et républicaine de remise des diplômes, il m'a de nouveau créé des ennuis. J'étais lasse, je n'avais plus d'avenir dans l'académie. Je suis partie, j'ai demandé un poste dans une autre académie. »

Marie a obtenu un beau poste : un lycée parisien avec des classes préparatoires. Son ancien recteur aussi a été récompensé : une académie bordant la Grande Bleue puis, pour sa fin de carrière, une haute fonction au ministère.

En fait, tout « ruisselle » du sommet, d'où vient l'exemple : la crainte de déplaire, la soif de « monter », comme dit Claire au chapitre suivant, d'avoir une promotion, de décrocher un poste meilleur ou plus prestigieux ; et tout ce qui en découle : la prudence, l'évitement des conflits, jusqu'aux accommodements avec les ennemis de la République, comme on vient de le voir. Une plaisanterie circule depuis des décennies parmi les membres des cabinets et les hauts fonctionnaires du ministère : ne téléphonez jamais à un recteur sur sa ligne directe un mercredi matin ! C'est en effet l'heure des nominations, des mutations et aussi des limogeages de recteurs par le Conseil des ministres. Vous avez un risque de tomber sur un interlocuteur un peu tendu et peu ouvert à vos préoccupations…

8

Les raisons de la peur

Un acte de terreur glaçant, des escarmouches permanentes avec certains élèves qui ont pour effet de réactiver sans cesse son souvenir, associés au sentiment d'être abandonnés par une institution pusillanime, voilà les raisons essentielles de la « peur des profs ». On lit leurs résultats conjoints dans les témoignages recueillis comme dans les réponses que les enseignants apportent à plusieurs questions de l'enquête de l'Ifop de décembre 2022. Ils sont ainsi plus de six sur dix à appréhender d'avoir à « présenter des caricatures de personnages religieux » à leurs élèves ; ils sont presque autant à craindre d'avoir dans leur classe des élèves portant des tenues religieuses ; près d'un sur deux déclare avoir peur d'aborder les motifs de l'assassinat de Samuel Paty ou d'enseigner certains sujets historiques comme la Shoah, la colonisation ou le conflit israélo-palestinien. Au total, ce sont aujourd'hui *près de huit enseignants sur dix qui craignent d'avoir à affronter une situation potentiellement conflictuelle avec certains de leurs élèves*. Et ils sont *près de neuf sur dix chez les plus jeunes*, ceux fraîchement sortis des Inspé[1], les instituts universitaires qui les forment.

1. Instituts nationaux supérieurs du professorat et de l'éducation.

Chez ceux-là, un sur deux déclare même appréhender d'avoir à travailler dans un établissement portant le nom de Samuel Paty ! Deux fois plus que chez leurs collègues de plus de 30 ans.

« Qu'est-ce que tu veux qu'on y fasse ? »

Sonia, professeure d'histoire en lycée professionnel, nous confie : « J'ai très mal vécu la rentrée des vacances de la Toussaint 2020. On devait parler avec les élèves de l'assassinat de Samuel Paty. On a été jetés dans le bain sans préparation. En tant qu'historienne, je n'étais pourtant pas la plus mal préparée. Certains élèves se sont sentis attaqués et je ne m'y attendais pas. Un élève en particulier, qui était toujours absent, est venu ce jour-là pour en découdre. Il était très speed, très énervé. En le voyant comme ça, j'ai eu peur. Il a pris la parole en premier : "Comment vous expliquez qu'à la télé il n'y a jamais de musulmans qui parlent ?" Il cherchait l'appui de ses camarades et un autre a pris le relais : "Et la femme voilée qui s'est fait insulter en ville ?" D'autres encore : "Ça veut dire quoi 'islamiste' ?", etc. J'ai eu beaucoup de "Oui mais...", avec ce "mais" très gênant qui justifie tout : "Oui, il ne fallait pas le tuer, mais il l'avait quand même bien cherché..." Un autre a été plus direct : "Il a mérité d'être décapité. En islam, on ne fait pas ça et les lois de la religion sont supérieures aux lois de la France."

J'étais déjà traumatisée par l'assassinat, alors là... j'étais défaite. Le cours d'après : la minute de silence et basta, je suis passée au cours. Moi, encore, j'ai une formation d'historienne, mais les collègues des spécialités professionnelles ont été très mal à l'aise ce matin-là. Ils se sont sentis en difficulté, sans formation, ils ont fait le minimum. Certains, en grande difficulté, ont demandé à être reçus par le proviseur, qui ne leur a répondu que trois semaines plus tard ! Depuis un an, les CPE du lycée réclament à l'académie une formation à la laïcité, sans réponse jusqu'à maintenant.

L'autre jour, je vois une élève voilée dans la cour, la troisième en deux semaines. Je la signale à un CPE. Il lève les yeux au ciel : "Qu'est-ce que tu veux qu'on y fasse ?" Je vais alors voir le proviseur : "Il y a trente ans ils étaient communistes, maintenant c'est comme ça. Mais ça leur passera comme aux autres..." Des élèves sont maintenant voilées en sortie scolaire et on ne leur dit plus rien. En conseil pédagogique, des collègues ont soulevé la question des abayas, qui se multiplient. Le proviseur leur a coupé la parole : "Ce n'est pas le problème !" et il est passé à l'ordre du jour. »

Dans le primaire aussi des enseignants ont peur, plus souvent il est vrai de certains parents que de leurs élèves, comme en témoigne Claire.

« Pourquoi j'ai peur ? »

Claire est professeure des écoles, elle a 48 ans et enseigne depuis vingt-deux ans dans une école primaire de onze classes, inscrite dans un réseau d'éducation prioritaire. La petite ville de tradition manufacturière où se situe l'école a été lourdement affectée par une longue période de déclin économique qui a profondément touché les familles du quartier, pour beaucoup immigrées d'Algérie et du Maroc.

Claire témoigne : « Est-ce que j'ai peur ? Oui, j'ai peur. Pourquoi j'ai peur ? [Un silence, elle réfléchit un moment.] Je me souviens qu'en 2001, après les attentats de New York et de Washington (c'était ma première année d'enseignement), des parents musulmans étaient venus protester contre la minute de silence : "Pourquoi on n'a rien fait pour les morts de la guerre d'Algérie ?" Jusqu'en 2010, il n'y avait qu'une seule mosquée dans la ville, une mosquée modérée, implantée dans une église désaffectée mise à disposition par la municipalité. Cette année-là, une association intégriste a ouvert une mosquée concurrente, qu'on dit salafiste. L'aspect, la tenue et le comportement de certains parents ont commencé à changer. En 2012, c'est l'attaque de l'école juive de Toulouse, où ma meilleure amie scolarisait sa fille. Un choc pour moi, qui prenais toujours avec une certaine distance sa peur de mettre ses enfants à l'école publique et plus généralement qu'on s'en prenne aux Juifs. À l'école, nous avons eu à cette époque un élève de cours moyen qui regardait en boucle les vidéos postées par Mohamed Merah et qui s'est mis à injurier certains de ses camarades dans la cour, les traitant de "sales Blancs". À la suite des événements, le maire a décidé de retirer les sapins de Noël de toutes les écoles. Puis on a alors progressivement supprimé tous les moments festifs traditionnels, les galettes des Rois, les œufs de Pâques. On a arrêté aussi la confection des décorations de Noël en arts plastiques. Et moi j'ai abandonné l'apprentissage de la lecture en utilisant l'album de Noël du linguiste Alain Bentolila.

En 2014, un groupe djihadiste qui s'apprêtait à partir en Syrie a été arrêté dans notre ville. Nouveau choc : il y avait parmi eux deux anciens élèves de l'école ! On a eu l'impression d'avoir échoué, le sentiment d'avoir raté énormément de choses. À partir de ce moment, j'ai décidé de me consacrer à l'éducation à la paix. En 2015, après les attentats du Bataclan et des terrasses de café à Paris, un élève arrive dans la cour avec deux pistolets en plastique et vise ses camarades : "Je vais vous tuer !" On lui a confisqué ses pistolets. Le lendemain, sa petite sœur s'en prend à d'autres enfants et les traite de "sales Français". La famille était connue pour être radicalisée. L'inspecteur, prévenu, n'a rien fait.

Un jour, le directeur académique responsable du département (le Dasen[1]) vient dans notre école pour parler de la lutte contre la violence. Dans le dialogue qui suit, une enseignante parle des "vacances de la Toussaint". Il l'interrompt sèchement : "Madame, ce ne sont pas les vacances de la Toussaint, ce sont les vacances d'automne !" Venant d'un homme d'origine

1. Directeur académique des services de l'Éducation nationale.

musulmane, ça a jeté la stupeur parmi nous. On a été déstabilisés et plus personne n'a voulu prendre la parole. On est allés vérifier ensuite : ça s'appelle toujours les vacances de la Toussaint ! Franchement, qu'est-ce que ça venait faire là ?

Il y a beaucoup de violences intrafamiliales autour de nous, en particulier des pères qui maltraitent leurs enfants. J'ai été sensibilisée par la police, lors d'un stage, sur la manière d'alerter lorsqu'on a des soupçons ou un témoignage d'enfant maltraité : information préoccupante (IP) ou bien signalement au procureur. La police nous a dit de ne pas prévenir les parents mais de lui rapporter directement le témoignage de l'enfant. Mais l'institution continue de privilégier l'IP et donc de prévenir les parents, ce qui nous met en danger. J'ai recueilli il y a quelque temps le témoignage d'un élève victime de maltraitance, dont le père, islamiste, venait de sortir de prison. Le directeur de l'époque, l'inspecteur et le psychologue scolaire ont tous relativisé : "Une petite correction, ça peut arriver..." Pourquoi ils relativisent ? Je pense que c'est pour ne pas faire de vagues, pour monter, pour avoir des promotions. Pendant des mois j'ai fait des rapports. La chargée de mission "comportements violents" est finalement venue de l'inspection académique et m'a donné raison. J'ai pu protéger l'enfant, mais qui me protège, moi, maintenant, de cet homme dangereux ? Devant notre incapacité à protéger les enfants, à faire vivre les principes de la laïcité, j'ai pensé abandonner ce métier. Je suis restée, comme beaucoup d'autres. Pour eux, pour les enfants.

Pas plus tard qu'hier soir un père entre dans l'école (comment a-t-il fait ?), il fait irruption en salle des maîtres. Il cherchait la directrice car il venait d'apprendre qu'elle avait signalé des soupçons d'attouchements sur sa fille de huit ans. Devant nous, il accuse violemment l'école et l'éducation à la sexualité de mettre ces idées-là dans la tête des enfants musulmans.

Nous sommes une équipe très soudée, très laïque. Aujourd'hui, il y a deux sujets difficiles à aborder avec les enfants : l'éducation à la sexualité et l'alimentation, avec les interdits religieux. Mais on ne se censure pas. On travaille très tôt sur la charte de la laïcité. On a redonné une place à l'histoire de France. On leur dit dès le début qu'ils sont français, on chante *La Marseillaise*, on les emmène aux cérémonies du 11 Novembre, drapeau en tête. On pose des actes citoyens.

Je vois depuis peu des signes encourageants, en particulier chez les mamans, des tenues religieuses qui s'allègent et même qui disparaissent. Peut-être avec les événements en Iran ? »

Des jeunes enseignants prêts à « assouplir » la laïcité ?

Ce sont les enseignants de moins de trente ans, on l'a vu plus tôt, qui ont le plus peur. Un sur quatre (deux fois plus que la moyenne) déclare avoir déjà été victime d'une agression physique de la part d'élèves ou de parents. Ce sont eux aussi qui se montrent les plus ouverts à des « assouplissements des règles de la laïcité ». Trois sur quatre y sont en effet favorables ; un sur trois se montre même partisan d'autoriser les enseignants eux-mêmes à porter en classe des signes religieux tels qu'un voile ou une kippa. Leur jugement de l'action du ministre de l'Éducation nationale sur les questions de laïcité et d'expression de la religion se démarque aussi nettement de celui de leurs anciens : deux sur trois approuvent cette politique pour le moins prudente, contre un sur deux pour les plus de trente ans.

Cette corrélation entre leur plus grande appréhension des incidents avec des élèves et leur souhait de concessions sur les règles de la laïcité n'est sans doute pas le fruit du hasard. On peut faire plusieurs hypothèses. La première est que ce désir de « souplesse » serait à mettre au compte de leur idéalisme, de l'irénisme de la jeunesse. Un effet d'âge en quelque sorte. Il traduirait leur espoir que ces accommodements avec le principe de laïcité calment les revendications identitaires et apaisent les tensions dans les classes. Ce serait une marque de leur pacifisme : la paix scolaire vaut mieux que des principes abstraits, fussent-ils républicains. « Plutôt rouges que morts ! » criaient les jeunes pacifistes allemands dans les années 1980 en inversant un slogan de Goebbels. Une autre hypothèse est que ces jeunes enseignants trouveraient sur le fond légitimes les revendications identitaires de certains de leurs élèves ; au nom d'une idéologie libérale, du caractère indépassable de la liberté individuelle et de la nocivité de toute contrainte ; ou bien au nom d'une idéologie victimaire et de la lutte contre les « discriminations » dont ces élèves musulmans seraient victimes. Un effet de génération. Iannis Roder, secrétaire général adjoint du Conseil des sages de la laïcité, affirme dans son livre : « Il est évident qu'une minorité agissante de fonctionnaires, non pour des raisons religieuses, mais pour des considérations idéologiques et politiques, cherche à faire de la lutte contre la loi de 2004 un cheval de bataille contre le "racisme systémique" que véhiculerait la République française[1]. »

Alors, effet d'âge ou effet de génération ? La jeunesse est éprise de liberté et la génération de ces jeunes enseignants est marquée par l'idéologie « woke » : ainsi, 40 % d'entre eux considèrent que la loi de 2004 est « islamophobe ». Un peu des deux ? Pourquoi pas ? Pourtant le wokisme se marie mal avec la liberté, c'est

1. Iannis Roder, *La Jeunesse française, l'école et la République*, L'Observatoire, 2022.

même son contraire par bien des aspects, si l'on observe les contraintes et les normes de sa bien-pensance langagière et de son politiquement correct, son révisionnisme historique et ses prurits de censure culturelle. Curieux mélange alors !

On peut faire enfin une troisième hypothèse, la plus simple et peut-être la plus probable. Cette conjonction chez les plus jeunes entre leurs peurs et leur souhait d'un « assouplissement » des règles de la laïcité serait due à un effet d'inexpérience et à un sentiment de fragilité : une réaction compréhensible de jeunes professeurs qui ne savent pas bien faire, qui sont démunis par leur manque de formation, qui expriment leur désarroi devant ce qu'on leur demande de faire et qui n'est pas ce qu'ils ont appris à faire. Un retrait devant un obstacle imprévu ou plus haut que prévu. Abaisser l'obstacle leur semble plus simple que s'entraîner longuement pour parvenir à le franchir… « Je ne savais pas que c'était un métier dangereux », déclarait à l'automne 2020 un jeune enseignant au visage flouté et à la voix déformée sur une chaîne de télévision à propos des contestations de cours dans ses classes. Des débutants dont les formateurs ne sont peut-être pas toujours à la hauteur… Comme dans l'histoire vécue par Malik.

Nuit et brouillard

Malik est un homme très engagé sur le plan politique, élu avec des responsabilités municipales importantes dans une commune populaire dirigée par l'union de la gauche. Il est par ailleurs conseiller principal d'éducation (CPE) dans un collège en éducation prioritaire et formateur à l'Inspé de son académie. Il est invité ce jour-là par le rectorat à participer à une formation sur la laïcité et la liberté d'expression, principalement destinée à de jeunes professeurs stagiaires et organisée par le référent laïcité de l'académie.

Il raconte : « La séquence portait sur l'utilisation avec des élèves de caricatures se moquant de la religion ou des religieux. Elle était dirigée par le référent laïcité. Un débat s'engage à un moment sur la question de savoir si l'on doit autoriser à sortir de la classe des élèves qui ne veulent pas voir ces caricatures, comme Samuel Paty l'aurait fait. Plusieurs stagiaires soutiennent qu'il faut les y autoriser. L'une présente l'argument suivant : "Quand j'avais l'âge de ces élèves, un professeur nous a emmenés voir *Nuit et brouillard*, le film d'Alain Resnais. Il y avait des images insoutenables, j'ai dû fermer les yeux pendant une bonne partie du film. On ne peut pas obliger des enfants à voir ça." Silence. Le formateur ne dit rien, personne ne réagit. J'ai fini par intervenir alors que ce n'était pas mon rôle, pour dire que la comparaison me semblait assez scandaleuse : on ne peut pas comparer un dessin, même choquant pour certains, aux images terribles des crimes de masse perpétrés par les nazis. De plus, cela fait le jeu de la propagande islamiste, qui ne cesse de proclamer que ce que fait l'Occident aux musulmans est comparable à ce qu'ont fait les nazis aux Juifs, et d'affirmer que l'islamophobie est l'antisémitisme d'aujourd'hui. »

9

Ces profs qui se censurent

L'autocensure procède sans doute de la même logique de démission silencieuse que l'abandon de la loi de 2004 dans une partie des établissements ; à la différence près que ces petites ou grandes résignations se font souvent sans témoins et dans le secret de la classe, sans que personne ni même les élèves s'en aperçoivent, et non aux yeux de tous et parfois sous l'œil des caméras comme pour les tenues vestimentaires.

Dès 2004, le rapport de l'inspection générale en faisait déjà mention. Toutefois, à l'époque, cette pratique ne concernait qu'un nombre réduit de professeurs et un petit nombre de collèges et de lycées. Sa généralisation de nos jours en fait un phénomène de masse, ce qui change bien sûr la donne.

Un phénomène massif et qui s'accélère

En effet, c'est aujourd'hui *plus d'un enseignant sur deux* qui déclare s'être déjà censuré de manière préventive, « pendant son enseignement », par peur d'incidents avec des élèves. La moitié d'entre eux le font « régulièrement » ou « de temps en temps », autrement dit plusieurs fois par an. On peut remarquer que la question posée par l'Ifop exclut les transgressions des règles de la vie scolaire et la peur d'incidents avec les parents. Ces proportions sont pourtant déjà impressionnantes. Dans l'enseignement secondaire public, le plus exposé, ce sont 56 % des professeurs qui avouent avoir déjà eu recours à cette pratique, plus de la moitié d'entre eux (29 %) régulièrement ou de temps en temps. Résultat encore plus effrayant, l'autocensure dans les collèges et les lycées publics a fait un bond de 20 points en seulement quatre ans, entre 2018 et 2022 ! On mesure là, très précisément, l'impact de l'assassinat du professeur Samuel Paty sur les pratiques de ses anciens collègues. L'histoire-géographie est justement la discipline où les professeurs sont le plus enclins à se censurer (64 %). De même y sont davantage portés les enseignants de moins de trente ans (64 % aussi) et ceux qui enseignent en éducation prioritaire (65 %). Quant aux progressions les plus importantes de cette autocensure, on les relève chez les enseignants de plus de 50 ans (+ 13 points en deux ans), chez ceux qui travaillent dans un quartier prioritaire (+ 18 points) ou dans une commune rurale (+ 13 points), ainsi que dans l'enseignement primaire (+ 10 points). Les proportions de professeurs qui se censurent ont donc tendance à se rapprocher par le haut et les différences entre les âges, les territoires et le niveau d'enseignement, encore très marquées en 2020, à s'atténuer.

On ne relève aucune corrélation entre le fait de se censurer et l'existence d'incidents antérieurs avec des élèves. Il s'agit donc largement d'une *autocensure préventive* ; parfois aussi d'une *autocensure de lassitude* devant l'impuissance ressentie face à des élèves qui semblent inaccessibles sur certains sujets et qu'on abandonne alors à leur obscurantisme, à leur sexisme ou à leur homophobie. L'autocensure peut aussi, chez certains enseignants

– ceux dont le cœur bat plutôt à gauche et qui veulent se démarquer de l'accusation d'« islamophobie » – se revendiquer comme un acte de rébellion contre une institution qu'on rend responsable du sentiment d'insécurité que l'on éprouve : refus d'enseigner la laïcité, de participer aux séquences mémorielles à l'occasion d'anniversaires des attentats de 2015 ou de l'assassinat de Samuel Paty ; refus de signaler un vêtement ou un signe religieux puisque l'institution ne veut pas prendre ses responsabilités. Chez certains, ce déplacement de la charge de la responsabilité, des auteurs des crimes vers ceux qui n'ont pas su protéger les victimes, est presque total, les premiers étant quasiment oubliés, la colère et le ressentiment ne s'exprimant plus qu'à l'égard des seconds. Jean-Michel Blanquer, à qui l'on attribue à tort – puisqu'il a obéi aux injonctions sécuritaires du ministère de l'Intérieur – la responsabilité de la situation chaotique qui a entaché la rentrée des vacances de la Toussaint de 2020, juste après l'assassinat de Samuel Paty, constitue de ce point de vue, pour beaucoup, un excellent bouc émissaire.

Pauline et l'autocensure diffuse

Pauline a la quarantaine. Elle enseigne les sciences économiques et sociales (SES) dans un lycée implanté au centre-ville d'une importante localité de province. Son public est assez hétérogène, tant sur le plan social qu'ethnoreligieux. Elle trouve l'enseignement de spécialité de SES passionnant en première et terminale, avec des élèves motivés. En revanche l'enseignement de seconde lui semble insatisfaisant : pas assez d'heures, des élèves encore immatures pour aborder certains sujets de société : « Si j'organise un débat, ils s'énervent tout de suite », confie-t-elle.

Elle témoigne : « À chaque instruction du ministère nous demandant d'aborder les événements de 2015 ou l'assassinat de Samuel Paty en classe, je flippe. C'est trop difficile, je suis trop bouleversée pour en parler. Trois fois j'ai essayé, et je me suis mise à pleurer devant les élèves.

Je commence toujours mes cours par cinq minutes consacrées à l'actualité. En janvier dernier, des élèves de seconde m'interpellent sur l'attentat de *Charlie Hebdo*. Je m'aperçois alors que trois ou quatre n'en ont jamais entendu parler et qu'une moitié de la classe pense que "Charlie Hebdo" est un homme ! Ils avaient huit ans à l'époque… Devant la liste des noms des victimes, une fille m'interroge : "Pourquoi ils ont tué un musulman ?" Je sens les élèves d'origine maghrébine mal à l'aise, taiseux, je les vois baisser la tête. Puis l'un d'eux me demande "Madame, pourquoi ils ont été tués ?" Je leur explique l'histoire de la publication des caricatures. "On peut voir les caricatures ?" Et là c'est violent. Je sens brusquement une boule dans mon ventre. Je m'entends crier : "Non !" Je panique. Je passe sans transition au cours que j'ai préparé, comme un automate. Ces caricatures, ça me fait vraiment peur, je ne maîtrise pas. Je ne connais personne dans mon lycée qui les montrerait à ses élèves. Je ne ferai plus ce genre d'exercice.

En seconde, j'enseigne aussi l'éducation morale et civique. Avant, j'organisais quelques débats sur des questions de société, comme l'interruption volontaire de grossesse ou la fin de vie. J'y ai renoncé car les élèves n'apportent plus que des arguments religieux : pour Dieu l'avortement est un crime, point barre. Ils ne savent pas bien faire une recherche sur Internet et, sur ces sujets, ils tombent systématiquement sur des sites religieux. Ce n'étaient plus des débats mais des affrontements d'opinions entre croyants et non-croyants, dans lesquels en tant que prof je devais rester neutre. Je n'ai plus d'énergie pour ça. Je crois qu'en seconde je pratique une autocensure diffuse, pour ne pas risquer de provoquer des élèves qui pourraient avoir des réactions violentes.

En première, je fais tirer au sort des sujets de recherche, par groupes de trois. L'an dernier un groupe de garçons d'origine maghrébine tombe sur "La pénalisation de la prostitution". Ils refusent : "Ça madame, ce n'est pas un sujet pour nous." J'arriverai finalement à les convaincre, mais traiter avec ces élèves de sujets liés à la sexualité, à l'égalité filles-garçons et à la mixité, c'est devenu vraiment difficile. »

L'autocensure ne touche pas que l'enseignement et les règles de la vie scolaire. Mais il vrai qu'on ne l'attendrait peut-être pas dans le domaine de l'orientation des élèves. Et pourtant...

Paul, le Coran et l'orientation

Paul est professeur de lettres modernes. Il est en poste depuis trente ans dans un collège d'un réseau d'éducation prioritaire situé dans une petite ville industrielle. Il raconte : « Au programme de sixième figure l'étude de "grands textes de l'Antiquité". J'avais l'habitude de choisir la Genèse dans la Bible, parmi d'autres textes. Je prenais beaucoup de précautions pour expliquer que ce choix n'avait rien à voir avec la religion. Mais des élèves et des parents se sont mis à protester : « Si vous faites la Bible, alors il faut faire aussi le Coran ! » J'ai vu peu à peu arriver une montagne de risques et à partir de 2020 j'ai choisi d'étudier l'*Odyssée* ; et le Déluge à partir du Coran puis de regarder la version de la Bible pour comparer. Je suis sorti du programme : le Coran n'est pas un texte de l'Antiquité !

En troisième j'abordais la satire en utilisant parmi d'autres la caricature, je commençais même par là et je faisais un débat autour des caricatures de Mahomet et des réactions qu'elles avaient soulevées, ce qui permettait d'aborder la question des limites de la liberté d'expression et de la laïcité. À partir de 2017, même en parler est devenu dangereux. Je ne voulais pourtant pas abandonner, alors je suis allé voir la principale du collège. Elle m'a dit : "Je vous soutiens mais avant on va téléphoner à l'inspectrice pédagogique de lettres au rectorat." Elle a mis le haut-parleur pour que j'entende. Au bout du fil : une femme visiblement embarrassée, une réponse emberlificotée. En gros : "Oui, c'est possible, mais à ses risques et périls." Du coup je ne parle plus de caricatures depuis 2018. Je m'interdis même toute allusion. Je connais beaucoup de parents dans la cité, qui sont de mes anciens élèves et me font confiance. Mais j'ai peur que quelqu'un mette le feu aux poudres, d'une montée de violence communautaire. C'est comme un ennemi invisible. Jusqu'où ça pourrait aller ? Pas jusqu'à la décapitation quand même ! J'ai plus peur pour le collège et pour l'institution scolaire que pour moi.

C'est vrai que depuis Samuel Paty on ne sait plus de quoi on doit avoir peur, c'est comme une sorte de bâillon. Des élèves sont comme dressés sur leurs ergots. Beaucoup de collègues se censurent pour se protéger. Une collègue de SVT n'enseigne plus l'éducation sexuelle en quatrième depuis 2017, elle trouve ça trop dangereux. Les profs d'EPS ne font plus de natation, une collègue d'histoire n'enseigne plus la Shoah depuis qu'elle a subi en classe un déferlement de haine antisémite qu'elle n'a pas pu maîtriser. Elle a eu le sentiment d'être lâchée par la principale et dans ces cas-là mieux vaut ne pas insister. Une autre a eu une opposition de parents sur l'étude des croisades. La prof de musique a eu des ennuis après avoir fait écouter puis chanter *Carmen*, une œuvre jugée impudique par des parents. En cas de souci, si l'on n'a pas le soutien du chef d'établissement, du Dasen, du recteur et du ministre, on sait qu'on ne pourra pas compter sur eux.

Une autre forme de pression porte sur l'orientation en fin de troisième. Des parents refusent parfois l'orientation vers le lycée professionnel malgré les notes de leur enfant. Le professeur principal reçoit les parents et a un grand rôle dans la décision du conseil de classe du troisième trimestre. Comme professeur principal, j'ai reçu des menaces à plusieurs reprises, par exemple : « On va te rentrer dedans en voiture. » Je discute, j'explique, je désamorce. À sept ou huit reprises depuis que je suis au collège, j'ai aussi fait l'objet de tentatives de corruption pour faire passer un élève en seconde de lycée. Ça a été de

200 francs dans les années 1990 à 10 000 euros récemment, on m'a même proposé une fois de me payer en "poudre" ! Quand ça arrive, on ne signale pas à la police, on en parle seulement entre nous et avec la principale. Du moins ceux qui résistent. Les autres... Je pense qu'un collègue parti à la retraite ne crachait pas dessus, et d'autres aussi ont dû flancher. Un changement d'avis brutal, du jour au lendemain, avec un sept de moyenne, ça éveille les soupçons. Une collègue est venue me voir un jour : "Je ne peux pas signer, j'ai trop peur, on m'a dit qu'ils allaient foutre le feu à ma voiture. J'ai des enfants, je ne veux pas qu'il leur arrive quelque chose." J'ai accepté de signer la proposition d'orientation à sa place.

Une seule fois j'ai fait passer en seconde générale un élève qui n'avait pas le niveau suffisant. Il était gay et le vivait très mal. Je savais qu'il allait se faire massacrer au lycée professionnel d'à côté. J'ai voulu lui éviter ça. »

On parle peu des enseignants musulmans, qui commencent pourtant à être suffisamment nombreux pour apparaître dans les catégories statistiques de l'Ifop. Ils ne recherchent pas particulièrement la lumière et restent souvent discrets, ils sont pourtant particulièrement exposés aux menaces et aux agressions d'élèves et de parents : un sur quatre en a déjà été victime, plus du double de la moyenne. Ils sont aussi plus d'un sur deux à ne pas vouloir signaler les atteintes à la laïcité dont ils sont témoins ou victimes, contre un professeur sur trois en moyenne. Romain, lui, a choisi d'en parler.

Romain et ses « collègues musulmans »

Romain est professeur d'enseignement technologique industriel dans un lycée d'une grande ville de province. Son public est quasi exclusivement composé de garçons, aux trois quarts d'origine maghrébine. Il enseigne depuis vingt ans. Il aime beaucoup ses élèves et passionnément son métier. Il raconte : « L'autocensure ? Il y a des sujets très difficiles à aborder où il faut être très prudent : l'antisémitisme, la mixité, l'égalité hommes-femmes, l'homophobie. La théorie de l'évolution est rejetée comme une croyance mais ne suscite pas de conflit : "Vous, vous y croyez. Nous, on sait que ce n'est pas vrai." Armés de leur conviction religieuse, ils sont certains d'être les détenteurs de la vérité.

La laïcité, certains collègues n'en parlent jamais, les collègues musulmans en particulier, ils ont peur. Un jour, c'était un peu après la mort de Samuel Paty, une collègue professeure de lettres-histoire d'origine maghrébine m'a dit en aparté en parlant des élèves : "Pour eux, on est des mécréants, on finira tous égorgés." Les profs sont inquiets mais ils ne le disent pas ou à demi-mot. Certains n'en parlent jamais, ce sont ceux-là qui ont le plus peur.

Cette année pour la commémoration de l'assassinat, le proviseur a demandé de faire en classe une minute de silence "selon les envies des enseignants, chacun dans sa classe". Comme si c'était une question d'envie ! Beaucoup n'ont rien fait, ils ne veulent pas que ça dérape. Et ça dérape toujours. Celui qui dit que ça n'a pas dérapé dans sa classe est un menteur ou bien il est prof à Henri-IV à Paris ! Que voulez-vous, on manque de mots, de conviction, de courage, et on n'est pas accompagnés.

Une année, on a eu une fille en CAP. Elle était brillante, motivée. Après son diplôme, elle a poursuivi en bac pro. Un jour, un élève a pris la parole en classe pour protester : "Il y a une fille en classe, ce n'est pas normal. Et elle, elle n'est pas normale." Pas un autre n'a osé dire le contraire. C'est comme sur bien d'autres sujets, ce sont les plus endoctrinés qui parlent et les autres se taisent et laissent dire. Sauf sur les LGBT, contre lesquels la haine exprimée est violente et unanime.

2016 a été l'année la plus terrible. Un de nos élèves, un très bon élève – il avait les félicitations –, a commis une tentative d'assassinat sur un enseignant juif, dans la rue. Le pire : le matin il n'est pas descendu à l'arrêt de bus du lycée et a dit calmement à ses copains : "J'ai quelque chose à faire." On s'est tous sentis très coupables. Un collègue qui l'avait dans sa classe n'a même pas pu en parler à sa femme. Pour moi, ça a été comme un coup de poignard. J'ai été accablé pour mes élèves, ce sont de chouettes gamins mais ils sont influencés. Leur réaction a été bizarre. Rien sur l'acte de leur copain mais une crainte pour eux-mêmes : "Qu'est-ce qu'on va dire de nous ?" Je connais certains de leurs parents, ce sont de bons républicains, mais pas forcément leurs enfants. Et les enfants qu'ils auront, eux, ils deviendront quoi ? Franchement, j'ai peur pour mon pays. »

Censure franche, ouverte, assumée, parfois revendiquée par certains, sur des parties du programme ou des règles précises de la vie scolaire. Censure diffuse pour d'autres, affectant une multitude de microsituations, afin de se prémunir, autant que faire se peut, des risques d'incidents qui pourraient « déraper ». Précautions langagières, corporelles et pédagogiques nouvelles dont, parfois, on prend soudain conscience au fil d'un entretien, censure à l'orientation enfin. Les formes de l'autocensure varient, mais ce sont partout les mêmes peurs qui les motivent. Samuel Paty a été assassiné par un « terroriste », un « fanatique », un « jeune Tchétchène radicalisé », mais son crime répondait à un appel et à des images mis en ligne par un père d'élève français, et il n'a eu aucun mal à trouver des complicités parmi les élèves du collège. Il faut arrêter de penser qu'il y a d'un côté le terrorisme – qu'on ne peut bien sûr que condamner… – et de l'autre des innocents qui « n'ont rien à voir » avec cette barbarie, et qui perturbent les classes et les établissements parce qu'ils sont des victimes de l'« islamophobie » ambiante et de son cortège de « discriminations ». Les professeurs le sentent bien et le vivent à leur manière. À lire l'étude de l'Ifop et à entendre leurs témoignages, on comprend que le souvenir traumatique de l'assassinat de leur collègue est sans cesse réactivé chez eux par ce qui se passe – ou risque de se passer – dans leurs classes, par les paroles – ou par le silence – de certains de leurs élèves, par un propos mal interprété. Et que ce sentiment d'insécurité est encore amplifié par le défaut de protection et l'abandon qu'ils ressentent de la part de leur institution.

Le politologue Hugo Micheron a montré dans son étude sur les djihadistes français[1] que le passage à l'acte des terroristes est toujours précédé par un patient travail d'endoctrinement, de conviction, par toute une éducation idéologique. Il n'y a pas de rupture de continuité entre la guerre menée par les « soldats du califat », qui tue des hommes, des femmes et des enfants, et la guérilla scolaire menée par certains élèves et qui s'en prend, elle, à des idées, à des sensibilités, à des œuvres d'art et à des musiques, à la vérité scientifique et à des valeurs morales et politiques. Qui s'en prend aux principes mêmes de la civilisation des Lumières.

Mais où commence l'autocensure ? Où se situe la frontière entre la nécessité banale d'adapter la pédagogie aux élèves et la collaboration objective au projet islamiste d'offrir aux élèves musulmans des contenus adaptés à leur « sensibilité » et à leur « culture » ? La position de la plus importante centrale syndicale enseignante, jusque-là silencieuse, méritait d'être connue ; nous l'avons donc interrogée.

« Je me réjouis que les enseignants s'autocensurent »

La Fédération syndicale unitaire (FSU) est la première centrale syndicale enseignante. Elle est l'héritière de la minorité cégétiste

1. Hugo Micheron, *Le Jihadisme français. Quartiers, Syrie, prisons*, ouvr. cité.

– très proche du Parti communiste du temps de sa splendeur – de la défunte Fédération de l'Éducation nationale (FEN). Aujourd'hui encore, elle reste fortement ancrée à l'extrême gauche.

La FSU conteste vivement l'objectivité et la valeur des résultats de l'étude de l'Ifop. Paul Devin, président de l'institut de recherche de la FSU et représentant la fédération syndicale, nous écrit : « On peut douter de l'objectivité du sondeur et avoir le sentiment d'un apriorisme guidant le questionnement comme le traitement dans la perspective d'un discours de dramatisation et de la volonté de constater un renoncement. De ce fait, l'enquête en est décrédibilisée et l'éventuelle mesure d'une évolution par rapport aux enquêtes précédentes ne peut être que l'objet de doutes. »

Le procédé n'est pas original : si l'on veut nier la fièvre, on accuse le thermomètre… Pour argumenter son refus d'analyser les conclusions de l'enquête, le syndicaliste prend comme exemple la question de la tenue vestimentaire des élèves : « Le fait de porter une jupe longue ne peut être juridiquement considéré comme une atteinte à la laïcité […]. Au quotidien, tracer une limite de ce qui est interdit d'un point de vue vestimentaire est des plus complexes. Ainsi que fait-on avec une jeune fille qui porte une abaya et affirme qu'elle n'a pas un motif religieux ? Et de la jeune fille sans aucune origine musulmane qui porte la robe longue ? Permettre pour l'une et pas pour l'autre ? C'est pourquoi bien des établissements en restent à l'interdiction du voile mais ne disent rien pour d'autres éventuels signes, faute de pouvoir les définir de manière réglementaire. Il est tendancieux de considérer que de tels choix constitueraient un renoncement à la laïcité. »

Cette argumentation, faussement juridique, ouvre la voie à tous les contournements de la loi de mars 2004. Car on doit rappeler que cette loi ne parle pas de tenues et de signes « religieux », mais de tenues et de signes « manifestant ostensiblement une appartenance religieuse » et qu'elle ne fait donc aucun sort particulier au voile ni à aucun autre signe. Comme l'expose le

Conseil d'État, à propos d'une affaire de bandana, c'est l'intention de signifier cette appartenance qui est bannie et non le signe choisi, que des élèves bien déterminés peuvent faire varier à loisir dans le but de contourner la loi[1].

Le représentant de la FSU s'en prend aussi violemment à la politique jugée « incohérente » du ministre Pap Ndiaye qui « mêle les exigences totalement contradictoires d'un discours "blanquérien" guidé par les obsessions du séparatisme et d'une stratégie du pas de vagues ». En conséquence, « les professeurs sont souvent seuls, pas suffisamment défendus quand ils sont l'objet d'attaques parentales... mais si jamais ça se complique et risque de sortir sur les médias ou d'être signalé au rectorat ou au ministère, le discours institutionnel se fait prescriptif, injonctif et souvent sans prise en compte de la réalité particulière et du travail déjà mené ».

Les chefs d'établissement sont également vilipendés. « Parmi les choses qui sont dramatiques, soutient Paul Devin, il y a l'attitude de la hiérarchie. Elle a une fâcheuse tendance à étouffer les problèmes lorsqu'ils sont internes à l'établissement, parce qu'elle a l'idée que ce serait bien si on pouvait éviter de remonter à l'inspection académique ou au rectorat. Et quand le problème devient trop complexe, les choses se retournent et là on va reprocher à l'enseignant de ne pas avoir été capable de trouver une réponse. Cela peut le mettre dans un état de solitude compliqué, et de plus c'est très contre-productif : quand la consigne de votre proviseur et de votre principal est d'étouffer une affaire, ça ne vous incite pas à trouver une réponse pédagogique ! Le ministère n'a jamais trouvé le moyen d'envoyer aux chefs d'établissement des messages clairs à ce sujet. »

Paul Devin trouve aussi la notion d'autocensure très ambiguë : « N'est-il pas inscrit dans le fondement même de l'action éducative de faire des choix d'action qui cherchent à éviter les

1. Conseil d'État, arrêt du 5 décembre 2007.

incidents ? interroge-t-il. Moi, très franchement, je me réjouis que les enseignants s'autocensurent. De façon générale, quand on construit un dispositif pédagogique, une des questions qu'on se pose est de savoir ce qu'on peut faire avec une classe. Par exemple, sur la question des caricatures, il faut faire une distinction fondamentale : s'il s'agit d'évoquer le droit à la caricature ou le droit au blasphème, il n'y a pas photo. Mais ça n'en fait pas pour autant une stratégie pédagogique. Certaines caricatures ne sont pas un bon moyen de travailler sur la liberté de conscience avec les élèves : elles sont tellement outrancières qu'elles empêchent les élèves de réfléchir et les emmènent à des replis idéologiques ou religieux. Et donc tant mieux si les enseignants s'autocensurent[1]. »

On comprend qu'il s'agit là d'une critique implicite de la pédagogie utilisée par Samuel Paty, critique identique à celle qui avait valu une polémique au député insoumis Alexis Corbières après qu'il eut déclaré le 15 octobre 2021, un an après l'assassinat du professeur d'histoire, sur la chaîne de télévision LCP, qu'utiliser des dessins de *Charlie Hebdo* n'était pas adapté pour des adolescents : « Le métier d'enseignant, ce n'est pas de choquer les élèves, mais de les faire progresser. »

Renoncer aux caricatures : soit, mais pourquoi s'arrêter là ? Bien d'autres sujets risquent de heurter des élèves : le dessin, la musique, la Shoah, l'évolution des espèces... Où se situe donc la limite entre l'« adaptation aux élèves » et le renoncement à enseigner un sujet ? Question légitime, qui interroge aujourd'hui nombre d'enseignants et dont on sait comment elle se résout sur les campus américains : par l'abdication devant la « culture de l'offense » et les progrès généralisés de l'autocensure[2]. En France, nous n'en sommes pas encore là, mais n'est-ce pas le chemin indiqué par la FSU ?

1. Entretien avec Paul Devin, représentant de la FSU, le 13 février 2023, complété par une note écrite du 15 février

2. Caroline Fourest, *Génération offensée*, Grasset, 2019.

10

La terreur et la propagande

L'islamisme n'est pas une religion, ce n'est pas un « islam radical » comme on l'entend trop souvent dire, c'est une *idéologie politique* porteuse d'un projet révolutionnaire et qui utilise l'islam – réinterprété à l'occasion – pour conquérir le pouvoir et imposer aux sociétés une nouvelle forme de totalitarisme, comme on l'a vu en Iran, en Afghanistan ou avec l'État islamique en Syrie et en Irak. Jorge Semprún, le premier peut-être, dès le début des années 1990, l'avait identifié comme le « troisième totalitarisme du XXe siècle ». Après le rouge et le brun, c'était pour lui le « totalitarisme vert », en référence à l'époque au drapeau de la Libye de Kadhafi[1].

Pour ne parler que de la confrérie des Frères musulmans, la composante la plus influente de l'islamisme en France, fondée en 1928 par un instituteur égyptien, Hassan el-Banna, en réaction à l'influence des idées et des mœurs venues d'Occident portée par le parti Wafd, elle se donne pour but, pour l'historien Marc Ferro, « une reconquête politique *par* une révolution spirituelle[2] ». La fin de son action est politique, le moyen

1. Jorge Semprún, *Federico Sánchez vous salue bien*, Gallimard, 1993.
2. Marc Ferro, *Le Choc de l'islam (XVIIIe-XXIe siècle)*, Paris, Odile Jacob, 2018.

religieux. Le retour aux fondements de la religion islamique n'est pas, pour cette organisation, un retour à un passé imaginaire, à un âge d'or mythique comme pour le salafisme, mais un moyen de forcer un destin collectif dans le monde d'aujourd'hui. Une « islamisation de la modernité ». Et, le cas échéant, un combat militaire : un « djihad offensif » théorisé dans les années 1960, par Sayyid Qutb, le grand idéologue de la confrérie, dans la prison égyptienne où il attendait son procès puis sa pendaison[1], et qu'on a vu à l'œuvre quarante ans plus tard avec Al-Qaïda.

Un nouveau totalitarisme

Le développement de l'islamisme, d'abord dans le monde arabo-musulman à partir des années 1930, puis dans les pays occidentaux cinquante ans plus tard en s'y appuyant sur les nouvelles diasporas musulmanes, est devenu un phénomène mondial et sans doute de longue durée. Les méthodes des islamistes pour conquérir puis garder le pouvoir sont en effet les mêmes que celles mises en lumière par Hannah Arendt dans son étude des systèmes totalitaires : l'usage intensif de la propagande alliée à celui de la terreur[2]. Comme le dit un personnage de Dostoïevski , « nous allumerons des incendies, nous répandrons des légendes[3] ».

1. Michael Prazan, « Les Frères musulmans, matrice du totalitarisme islamique », dans Annick Duraffour, Philippe Gumplowicz, Grégoire Kauffmann, Isabelle de Mecquenem et Paul Zawadzki (dir.), *La Modernité disputée*, textes offerts à Pierre-André Taguieff, CNRS Éditions, Paris, 2020, p. 275-280.

2. Hannah Arendt, *Le Système totalitaire*, Seuil 1972.

3. Fiodor Dostoïevski, *Les Démons*, 1872.

Parlons d'abord des « incendies », de la terreur. De par le monde, les seuls attentats islamistes ont fait en quarante ans 167 000 morts (en dehors des guerres et des répressions des régimes en place). Parmi eux, 91 % de musulmans[1] ! Combattre l'islamisme, c'est donc aussi et d'abord protéger les musulmans. Ceux qui reprochent au combat contre l'islamisme de vouloir s'attaquer à l'islam et aux musulmans opèrent un amalgame potentiellement dévastateur pour ces derniers. Ils entrent aussi dans le jeu de stratèges qui visent, par le terrorisme, à provoquer en Occident des vagues de rejet des musulmans, afin de les jeter par réaction dans leurs bras[2].

C'est ici qu'interviennent les « légendes », la propagande. Elle s'opère, dans les pays musulmans et dans les « territoires conquis de l'islamisme » des pays occidentaux, par la voie de la prédication d'une religiosité ardente et vindicative fondée sur une sélection belliciste et une réinterprétation rigoriste des textes sacrés de l'islam[3]. Elle vise à dresser les musulmans contre tous les aspects politiques et moraux de la modernité occidentale. Les droits de l'Homme, la démocratie, l'individualisme moral, la tolérance – conquêtes des Lumières – sont décrits comme des abominations. Cette propagande vise également à les séparer et à les isoler des non-musulmans. C'est la fonction impartie au voile des femmes et à l'alimentation « halal », pratiques introduites par les islamistes en France dans les années 1990-2000 et aujourd'hui largement développées parmi les musulmans de

1. Fondation pour l'innovation politique, 2019.
2. Abou Moussad al-Souri, cité par Gilles Kepel, *Fitna. Guerre au cœur de l'islam*, Gallimard, 2007.
3. Bernard Rougier, *Les Territoires conquis de l'islamisme*, ouvr. cité.

France[1]. Ces signes de séparation sociale marquent symboliquement pour l'un, comme on le verra dans le prochain chapitre, le contrôle de la sexualité des femmes et pour l'autre la préservation de la pureté de la communauté ; car c'est d'abord par l'exogamie et la convivialité – par le partage du lit et de la table – que l'on fait société commune.

Mais la propagande islamiste se déploie aussi sur un autre front dans les pays où les musulmans sont minoritaires et où des alliances s'avèrent donc nécessaires. L'habileté des islamistes, qui ont lu et assimilé Lénine, est alors de savoir changer de registre et de jouer d'une tout autre partition. Oubliés, le prêche et la théologie, bienvenue aux discours politiques et à la rhétorique sociale destinés aux « compagnons de route » de gauche et d'extrême gauche, aux « idiots utiles » – selon le mot attribué au leader bolchevique –, autour d'un thème susceptible de les mobiliser : la lutte contre l'« impérialisme » et le « sionisme » pour certains, la justice sociale et la dénonciation des « discriminations » pour d'autres, le combat contre l'« islamophobie » pour tous. Si rien ne peut étonner de la part de trotskistes qui assument ouvertement une alliance tactique avec les islamistes[2], on peut être surpris de voir une gauche libérale ou une extrême gauche aux accents libertaires prendre parfois le parti de contre-révolutionnaires dont la première mesure, une fois parvenus au pouvoir, serait de supprimer les libertés fondamentales et de les jeter en prison, comme on l'a vu en Iran et en Turquie.

---

1. Florence Bergeaud-Blackler, *Le Marché du halal ou l'Invention d'une tradition*, Seuil, 2017.

2. Chris Harman, « Le Prophète et le prolétariat », 1994 ; accessible en ligne : https://www.marxists.org/francais/harman/1994/00/prophet.htm

Les effets de la propagande et de la terreur sur l'université et l'école

Cette propagande destinée à nouer des alliances dans la société française n'est pas sans efficacité dans le monde universitaire et dans le monde politique. En 2021, Frédérique Duval, ministre chargée de l'Enseignement supérieur, jusque-là silencieuse et prise d'un subit excès de zèle, fait une sortie tonitruante sur une chaîne d'informations en continu en assurant que « l'islamogauchisme gangrène la société et l'université ». Levée de boucliers dans les universités ! Pas totalement injustifiée, on doit le reconnaître, tant la fragilité et même l'inexactitude de ces propos sont patentes. Non qu'il n'y ait pas d'islamo-gauchistes à l'université ; on doit forcément en trouver quelques-uns en cherchant par exemple du côté de groupuscules antisionistes, mais ils ne sont guère nombreux. Mais surtout, le vrai reproche que l'on doit faire à ces propos provocateurs, c'est qu'ils ont jeté un écran de fumée sur la réelle conjonction qui se développe entre deux idéologies n'ayant rien à voir *a priori* entre elles : l'islamisme venu du Proche-Orient et le wokisme né sur les campus américains et qui, lui, « gangrène » bien une part de l'université.

L'islamisme, on l'a vu, a été directement conçu pour s'opposer à la pénétration des idées des Lumières en terre musulmane. Le wokisme est la dernière mouture, venue d'Amérique, du vieil anti-universalisme contre-révolutionnaire européen, contemporain de la Révolution française ; celui d'un Joseph de Maistre, par exemple, violemment hostile aux droits de l'Homme et proclamant en 1796 : « Il n'y a point d'Homme dans le monde. J'ai vu dans ma vie des Français, des Italiens, des Russes ; je sais même, grâce à Montesquieu, qu'on peut être persan ; mais quant à l'Homme je déclare ne l'avoir rencontré de ma vie ; s'il existe c'est bien à mon insu[1]. » Cette pensée étroitement réactionnaire inspire toujours profondément l'extrême droite française, il suffit d'observer la diffusion actuelle des œuvres et de la pensée de Joseph de Maistre sur la Toile pour en être convaincu.

L'anti-universalisme « woke », marqué par l'histoire de la société américaine – l'esclavage et le moralisme protestant notamment –, va développer son différentialisme sur d'autres distinctions pour lui insurmontables, antagonistes et même agonistiques entre les hommes : la race, le genre, la sexualité. Il prend son essor et s'envole vers l'Europe au moment même où s'effondre l'universalisme marxiste. Nulle autre mieux que l'historienne Annie Kriegel analyse alors, dès les années 1980, dans un texte proprement visionnaire, les soubassements réactionnaires de la nouvelle idéologie racialiste.

> Tout se passe en vérité, écrit-elle, comme si le déclin et la défaite du marxisme, qui avait eu, lui, la prétention d'imposer la classe, l'appartenance de classe, la lutte des classes, la mission émancipatrice de la classe ouvrière comme mode unique de la structuration et de la stratification sociale, comme « moteur de l'histoire », n'avaient donné sa chance, à gauche, qu'à un autre manichéisme élisant l'ethnie – expression pudique, équivalent respectable du concept de race – comme principe organisateur de la société en général et de la société de l'avenir en particulier. Encore la classe jouit-elle d'attributs qui

1. Joseph de Maistre, *Considérations sur la France*, 1796.

> sont ceux d'une société relativement moderne. Tandis que la race, hors des sociétés les plus archaïques, n'est plus qu'un concept tout à la fois scientifiquement récusé et socialement redoutable [...]. Va-t-on en venir à accorder une satisfaction posthume à l'hitlérisme et le tenir pour innovateur autant qu'anticipateur dans ce recours monopolistique au thème de la race[1] ?

Le sociologue Paul Yonnet, dans un livre publié en 1993 et réédité en 2022[2], démontre brillamment comment, dans les années 1980, l'association SOS Racisme, manipulée en sous-main par l'Élysée, a été le cheval de Troie de cette idéologie différentialiste en France.

La promotion du racialisme et le rejet des métissages, ainsi que la préservation de la diversité « ethnique » par analogie avec la préservation des espèces, constituent des thématiques qui sont l'occasion de nouveaux rapprochements entre les extrêmes. Qu'on en juge avec ces deux citations. D'abord celle d'un dirigeant du Front national en 1991 : « Pourquoi se battre pour la préservation des espèces animales et accepter dans le même temps la disparition des races humaines par métissage généralisé[3] ? » Puis vingt ans après, celle de trois mousquetaires du parti écologiste : « Lorsque le nombre d'espèces diminue dans la nature, les maladies infectieuses, elles, se multiplient. Et pour les endiguer, des efforts doivent être déployés afin de préserver les écosystèmes naturels et leur variété. Qu'on nous pardonne le rapprochement, mais une société mono-ethnique (il n'en existe

1. Annie Kriegel, « Une vision pan-raciale », *Le Figaro*, 2 avril 1985.
2. Paul Yonnet, *Voyage au cœur du malaise français*, L'Artilleur, 2022.
3. Bruno Mégret durant le colloque du Front national sur l'écologie, 2 novembre 1991.

heureusement pas beaucoup) est une société condamnée[1]. » L'écologisme devient d'ailleurs aujourd'hui un vecteur récurrent de mise en cause de l'héritage des Lumières, comme en témoigne par exemple un ouvrage cosigné par un professeur au Collège de France, Philippe Descola, appelant à « dépasser la distinction moderne entre nature et culture[2] ».

Autre thème que l'on retrouve dans la pensée contre-révolutionnaire européenne comme dans le wokisme venu d'Amérique : celui du « retour aux racines », de la préservation de la pureté des origines avec, aujourd'hui, le refus des « appropriations culturelles ». Il s'agit là d'une vision patrimoniale étroite de la culture, directement inspirée du romantisme allemand du XIXe siècle. Des penseurs comme Herder, Novalis ou Schleiermacher développent en effet à cette époque le thème du *Volkgeist* (l'esprit du peuple[3]), l'idée d'un nécessaire retour aux racines et à la tradition. Contre les Lumières, qui font de l'arrachement aux ténèbres de la tradition une tâche pour la raison, ce courant de pensée soutient à l'opposé que c'est dans la filiation profonde à une tradition que les hommes s'accomplissent. Dans l'émotion davantage que dans la raison : on pense en particulier au règne actuel de la censure sur les campus américains pour éviter tout risque d'« offenser » une culture ou une sensibilité, et qui y limite considérablement la liberté académique[4].

---

1. Esther Benbassa, Noël Mamère et Eva Joly, « Manifeste pour une écologie de la diversité », *Libération*, 27 janvier 2011.

2. Philippe Descola et Alessandro Pignocchi, *Ethnographies des mondes à venir*, Seuil, 2022.

3. Johann-Gottfried Herder, *Une autre philosophie de l'histoire*, Aubier Montaigne, 1964.

4. Caroline Fourest, *Génération offensée*, ouvr. cité.

Islamisme et wokisme, l'alliance de deux idéologies réactionnaires

Ainsi, islamisme et wokisme, s'ils ne puisent pas aux mêmes sources, sont néanmoins parents en une pensée profondément réactionnaire, par leur rejet commun de l'universalisme des Lumières. Cette parenté essentielle explique sans doute la complaisance du second pour le premier sur le terrain universitaire et les fraternités qui s'y nouent, comme on l'a constaté à de multiples reprises ; on pense à l'interdiction professionnelle de deux professeurs pour « islamophobie » à l'Institut des sciences politiques de Grenoble, en 2021, ou à l'interdiction par la menace, l'intimidation et la violence de la lecture du pamphlet sur l'islamophobie de Charb, journaliste de *Charlie Hebdo* assassiné en janvier 2015, dans plusieurs universités à partir de 2017. Car c'est là un autre point commun au wokisme et à l'islamisme : la certitude morale qui anime leur action. La conviction absolue de détenir la vérité et d'obéir à une mission transcendante, et par conséquent le refus du débat, l'appel à la censure, le mépris du droit, l'usage de la violence au besoin et, pour les universitaires « woke », l'abandon de toute démarche scientifique et de toute éthique académique pour une attitude purement militante, comme l'expose avec talent la sociologue Nathalie Heinich[1].

Pierre-André Taguieff voit dans cette morale de l'intolérance l'effet d'une obsession de la pureté :

> Il faut aussi tenir compte, soutient-il, des réactions de certains néogauchistes moins travaillés par des visions

1. Nathalie Heinich, *Ce que le militantisme fait à la recherche*, Gallimard, 2021.

> paranoïaques que saisis par la phobie du contact avec l'autre ou l'impur, nécessairement « de droite », donc porteur d'« opinions injustes ». Invité le 30 septembre 2020 sur France Inter, l'intellectuel néogauchiste Geoffroy de Lagasnerie, ne cachant pas sa peur d'être « contaminé » par les « opinions de droite », s'est prononcé clairement en faveur du refus du débat et pour la censure : « Il faut savoir qu'il y a des paradigmes irréconciliables. Moi je suis contre le paradigme du débat, contre le paradigme de la discussion. [...] Je pense que la politique est de l'ordre de l'antagonisme et de la lutte et j'assume totalement le fait qu'il faille reproduire un certain nombre de censures dans l'espace public, pour rétablir un espace où les opinions justes prennent le pouvoir sur les opinions injustes. » Quant aux « opinions justes », cela va sans dire, ce sont celles du bienheureux Lagasnerie[1].

Comment ne pas rapprocher cette peur de l'« impur », de la contamination intellectuelle, des obsessions de certains islamistes ? On les connaît en matière alimentaire, on les connaît moins dans le souci de séparer les corps. Ainsi, selon la dernière enquête de l'Ifop, 13 % des enseignants (30 % en éducation prioritaire) ont observé l'« instauration de vestiaires ou de toilettes séparés » entre élèves musulmans et non musulmans ; autrement dit une séparation corporelle, entre « purs » et « impurs », circoncis et non circoncis, recommandée par certaines autorités religieuses salafistes.

C'est dans cet aspect-là – une intolérance foncière et qui peut devenir violente – que la terreur rejoint la propagande. On en trouve de multiples exemples sur le site de l'Observatoire du wokisme[2]. Une réelle forme

1. Pierre-André Taguieff, « Edwy Plenel, un "vigilant" en quête de nettoyage éthique », *Marianne*, 17 mars 2023.
2. https://www.ethique-politique.fr/observatoire-du-wokisme/

d'intimidation règne dans certains départements de sciences sociales, qui agit sans doute sur l'enseignement et la recherche de nombre d'universitaires. La *cancel culture*, la culture de l'effacement, n'est pas sans rappeler certains traits particulièrement sombres des totalitarismes du XXe siècle : la mise à l'index d'œuvres et d'auteurs, la destruction de livres et d'œuvres d'« art dégénéré », etc. Un certain formatage des esprits agit ainsi sur les jeunes enseignants passés récemment par l'université, qu'on lit dans le décalage avec leurs aînés sur les questions relatives aux religions et à la laïcité. Faute d'enquêtes portant sur l'enseignement supérieur, il est toutefois difficile à mesurer.

En matière éducative, le projet islamiste s'est donné pour objectif la préservation d'une « pureté » culturelle des musulmans. Il s'oppose donc non seulement à la laïcité parce qu'elle ignore la religion musulmane mais plus globalement à l'école française parce que les élèves musulmans y sont simplement soumis aux mêmes programmes que les autres. Ainsi, dans un document stratégique établi par les Frères musulmans d'Europe et révélé par l'anthropologue Florence Bergeaud-Blackler, on peut lire : « Certains problèmes dont souffrent les enfants d'immigrés [...] dans les pays occidentaux sont en partie dus aux programmes scolaires qui sont destinés aux musulmans et aux Occidentaux de manière égale. » En conséquence et pour parvenir à un « développement culturel durable des sociétés islamiques au sein des pays non musulmans », il conviendrait d'y obtenir une « éducation islamique appropriée et saine, des programmes judicieusement élaborés ayant pour objet la conscientisation, l'acculturation, l'orientation, la protection sociale des musulmans, suivant la lettre et l'esprit de l'islam », seule capable de garantir à ces enfants « la sécurité culturelle et l'immunité nécessaire au développement de [leur] personnalité musulmane[1] ». La nature des incidents rapportés dans ce livre apparaît parfaitement congruente avec cette stratégie et même comme sa mise en œuvre.

Le plus préoccupant n'est peut-être pas cette orientation en elle-même (après tout, les islamistes font leur travail d'islamistes...) mais la complaisance voire le soutien de certains enseignants influencés par l'idéologie différentialiste « woke ». Comme au lycée Jean-Jaurès.

Le serpent et le roquet

Meriem, inspectrice d'académie, raconte : « Le lycée Jean-Jaurès est un établissement typique de la banlieue, tant par son recrutement que par son architecture. Sa singularité vient de ce qu'il a été désigné il y a quelques années comme "lieu de lutte" par deux petits syndicats gauchistes qui ont décidé d'y regrouper leurs forces militantes : la Confédération nationale du travail (CNT), une organisation anarchiste, et Sud-Éducation, situé à l'ultra-gauche de l'échiquier syndical. Sur la laïcité, ces professeurs militants affichent la couleur, certains ont suivi l'atelier de formation syndicale organisé par Sud-Éducation 93 intitulé "Loi de 2004, loi raciste et sexiste". Les malheureux proviseurs qui décrochent le poste vivent donc dans une atmosphère de contestation et de provocation permanente, d'autant plus que la liste conjointe des deux syndicats a emporté la totalité des sièges au conseil d'administration. Aussi, ces trois dernières années, le lycée a connu trois chefs d'établissement.

À la rentrée de 2021 est nommé à la tête de l'établissement un remplaçant, faisant fonction de proviseur pour suppléer sa

1. Florence Bergeaud-Beckler, *Le Frérisme et ses réseaux, l'enquête*, Odile Jacob, 2023.

collègue partie en congé maladie. Il fait rapidement un diagnostic de la situation dans un rapport envoyé au recteur. Concernant le respect de la loi de 2004, il constate que les professeurs laissent des lycéennes voilées assister à leurs cours : plus du tiers par conviction idéologique, certains autres parce qu'ils se laissent influencer, et d'autres enfin, qui y seraient hostiles mais n'osent pas s'y opposer, pris dans le climat d'intimidation qui règne en salle des professeurs et craignant la qualification de "traîtres" qui ne manquerait pas de leur être assignée s'ils appliquaient la loi en demandant aux élèves de retirer leur voile.

En conséquence, le 10 novembre, l'ensemble des enseignants du lycée est convoqué par le rectorat à une formation d'une demi-journée sur la laïcité, au sein de l'établissement. Le travail des formateurs – deux inspecteurs d'académie, moi juriste chargée de cours à l'université et mon collègue référent laïcité – ne va pas être une sinécure. Mais la formation a lieu, nous tenons bon, jusqu'au bout, et les enseignants ne partent pas, malgré les provocations et les tentatives de tourner en dérision les connaissances juridiques apportées. Ainsi, à propos d'une jurisprudence du Conseil d'État sur les critères permettant d'évaluer la destination religieuse d'un signe ou d'une tenue (comme la permanence de son port), un participant nous apostrophe : "Si je viens tous les jours en chemise, c'est une tenue religieuse ?" Mais le discours "woke" sur le racisme d'État et l'islamophobie systémique a du mal à passer : les deux inspecteurs sont de familles musulmanes, ils sont nés, ont grandi et habitent en banlieue, et leurs enfants y fréquentent l'école publique, contrairement à beaucoup des révolutionnaires de pacotille qui leur font face. Ce jeu à front renversé est un peu difficile à assumer pour un participant qui fait alors, pour expliquer mes positions républicaines, allusion à ma couleur de peau pour me ranger dans la catégorie des "non-racisés", expression chère à Sud-Éducation, syndicat dont on sait qu'il divise les participants à certains de ses ateliers de formation sur une base raciale : "racisés" et "non-racisés".

Un mois plus tard, le 9 décembre, le conseil d'administration du lycée est perturbé par un élu enseignant qui veut lire un texte de son cru en forme de fable de La Fontaine. Le proviseur ne l'y autorise pas et met fin au conseil. Le texte sera publié sur Twitter et Facebook. Passons sur la forme – en matière de pastiche un élève de CM2 aurait fait mieux. Quant au contenu, c'est une relation totalement mensongère de la formation dispensée en novembre, où mon collègue est qualifié de serpent et moi-même de roquet. Le texte ose aussi évoquer notre religion présumée. Le "Collectif Jaurès en lutte" publie également un communiqué de presse reprenant les mensonges distillés dans la "fable", dont un journal régional se fait l'écho. J'obtiens alors du recteur le droit de réagir dans la presse. Le rectorat nous accorde aussi la protection juridique pour déposer une plainte pour diffamation et engage une procédure disciplinaire contre certains des professeurs.

À la rentrée de 2022, un nouveau proviseur a été nommé, très vigilant sur le port des tenues religieuses en classe. Une partie des professeurs commence à oser s'opposer à l'intimidation "woke" des "enseignants en lutte" du lycée. »

Un syndrome de Stockholm ?

La terreur – « douce » en quelque sorte – qui peut régner dans certains départements universitaires et dans quelques établissements comme le lycée Jean-Jaurès n'est rien au regard de la vraie terreur, celle qui s'insinue dans les esprits après l'assassinat barbare d'un professeur le 16 octobre 2020. Cette mort atroce d'un des leurs, dans une terrible solitude morale et professionnelle, a provoqué un traumatisme profond et durable parmi les enseignants des écoles, des collèges et des lycées. C'est évidemment l'une des causes majeures de leur autocensure croissante.

Il ne faut cependant pas en sous-estimer une autre : les effets de la propagande à laquelle ils sont soumis dans leurs classes, par leurs propres élèves – pas seulement leurs élèves musulmans – et parfois par certains collègues, et qui s'exprime par une petite musique de fond jouant sur les deux cordes habituelles de l'individualisme et de l'idéologie victimaire. Par deux discours si l'on veut. Le discours individualiste d'abord : « On a bien le droit de s'habiller comme on veut... Le hijab, l'abaya, c'est la liberté de chacune... » Le discours victimaire ensuite : « La laïcité, c'est fait contre les musulmans... La France est raciste, islamophobe... La loi de 2004, c'est une discrimination supplémentaire... » ; ce dernier validé par le wokisme universitaire.

Le comportement de certains enseignants – notamment parmi les plus jeunes – n'est pas sans rappeler la réaction de ces otages qui en viennent à épouser le point de vue de leurs geôliers au bout d'un temps de réclusion, connue sous le nom de « syndrome de Stockholm ». D'après l'étude de l'Ifop de décembre 2022, il existe en effet une corrélation étroite entre l'âge, le lieu d'exercice, le souhait de voir « assouplir » les règles de la laïcité, la peur de certains élèves (ou de leurs parents), le jugement de l'action du ministre Pap Ndiaye et la pratique de l'autocensure. Autrement dit, plus on est jeune (et donc inexpérimenté mais aussi formaté par le wokisme universitaire), plus on exerce dans une zone défavorisée (et donc soumis davantage aux discours hostiles et aux atteintes à la laïcité), plus on craint d'avoir à faire face à des incidents avec des élèves ou des parents, plus on est favorable à l'abolition des contraintes laïques pour les élèves et les professeurs, plus on juge positive l'inaction du ministre pendant les six premiers mois de son mandat et, surtout, plus on déclare se censurer souvent ! La République peut-elle accepter de laisser son école et ses enseignants prisonniers d'un tel cercle vicieux ? Non, bien sûr. Mais que faire pour les en sortir ?

11

Géopolitique de la liberté et de la soumission à l'autorité

Le risque, à vouloir regarder de trop près ce qui se passe à l'école, est de devenir myope et d'oublier que ce qu'on y observe n'est que la diffraction, l'image déformée d'une réalité bien plus vaste. Comme dans le mythe platonicien, ce n'est que l'ombre portée sur le mur de la caverne scolaire d'évolutions qui bouleversent toute la société française. On risque aussi d'être aveugle à une géopolitique mondialisée faite d'affrontements idéologiques, de guerres et de révolutions qui affectent tous les continents et qui ne sont pas totalement sans parenté avec ce qui, aujourd'hui en France, trouble les classes et fait se censurer les enseignants. Si l'on veut pouvoir comprendre ce qui motive ces contestations de cours et ces transgressions des règles de la vie scolaire, et pourquoi tant de professeurs confessent avoir peur et pour beaucoup se censurent dans leur enseignement, il faut maintenant sortir de la grotte, s'éloigner un moment de l'école française, élargir la focale, prendre du champ, embrasser des paysages plus vastes et s'inscrire dans une temporalité plus longue.

Le principe français de laïcité, on l'a vu, tient à la fois d'un mouvement d'ensemble et d'une histoire singulière. Il est d'une part le fruit d'un vaste et lent mouvement de sécularisation qui affecte l'ensemble de l'Occident chrétien depuis au moins le XIVe siècle ; celui du « désenchantement du monde », de la « sortie de la religion », de l'affranchissement progressif par l'ordre politique de sa tutelle religieuse. De l'autre, il procède d'une histoire politique particulière à notre pays, qui commence par la rivalité constante du pouvoir royal avec l'autorité papale (le gallicanisme) mais qui ne trouvera pas la même issue qu'en Europe du Nord, où triompheront la Réforme et une autre forme d'affranchissement de la vie publique du pouvoir religieux. En France, où la contre-Réforme l'emporte et qui restera corsetée près de deux siècles supplémentaires dans un pouvoir absolu de droit divin, les tensions accumulées seront brutalement libérées par le séisme de la Révolution française. La Déclaration du 26 août 1789 ouvre alors aux peuples du monde la perspective de la fin de la soumission multimillénaire des groupes humains à une autorité venue d'en haut. Elle annonce l'avènement de temps nouveaux, ceux de sociétés autonomes libérées de toute tutelle religieuse, ceux de l'émancipation des hommes ; elle ouvre l'ère de la liberté et, pour commencer, de la liberté de se gouverner.

Des répliques dans le monde entier

En dehors de l'Occident chrétien, cinq siècles d'échanges commerciaux, d'expéditions militaires, de colonisations – la première mondialisation – ont acclimaté les élites de nombreux pays aux idées nées en Europe et en Amérique du Nord. Pour n'en donner qu'un exemple, en Égypte, à l'issue de la Première Guerre mondiale, un parti politique, le Wafd (« la délégation »), lutte contre l'impérialisme britannique tout en promouvant les idées des Lumières occidentales. Il propulse même une femme – Huda Sharawi, une féministe de surcroît ! – à la tête de son comité central avant de parvenir au pouvoir par les urnes et de gouverner le pays entre 1924 et 1939.

De nos jours, avec la seconde mondialisation, celles des idées, les valeurs héritées des Lumières – la liberté, l'égalité, principalement celle des hommes et des femmes, la laïcité – pénètrent plus largement les populations de ces sociétés restées hétéronomes ; mais dans un tout autre contexte que celui qu'ont connu les sociétés occidentales au sein desquelles ces idées avaient éclos. « La sortie de la religion, écrit Marcel Gauchet, a cessé d'être un phénomène occidental pour devenir un phénomène mondial. [...] Nous imposons de fait, involontairement, la sortie de la religion, de l'extérieur, à des sociétés qui ne l'auraient pas développée de l'intérieur. Ce qui produit des secousses profondes, parentes, mais forcément différentes de celles qui ont surgi chez nous, où le processus était endogène et s'est étalé sur plus de cinq siècles[1]. » Ce sont ces « secousses », ces répliques du séisme de 1789, que nous observons de nos jours dans l'ensemble du monde arabo-musulman : guerres et terrorisme, « révolutions arabes » et contre-révolutions de dictatures politico-militaires. La dynamique de l'islamisme depuis une quarantaine d'années n'est aucunement la manifestation d'un quelconque « retour du religieux » dans cette partie du monde, mais plutôt une réaction à la « sortie de la religion » qui le travaille ; à ce grand mouvement de « désenchantement du monde » qui a fait bouillonner cinq

1. Marcel Gauchet, « Retour ou sortie du religieux ? », *Philosophie Magazine* hors série, n° 25, 2015.

siècles durant l'Occident chrétien avant de s'étendre aujourd'hui à l'ensemble du globe.

Ces secousses ne se font pas seulement sentir en pays d'islam. En Occident même, l'effondrement de l'autorité divine, la « mort de Dieu », n'a pas toujours débouché, loin de là, sur des sociétés autonomes, sur la liberté et la démocratie. Sur les cinq continents, des formes séculières d'autorité transcendante sont apparues, notamment avec le communisme et le fascisme ; des divinités séculières, des « causes suprêmes », se sont imposées à l'adoration de peuples subjugués et sevrés de transcendance : le prolétariat, la nation, la race. D'autres « empereurs » sont arrivés au pouvoir, en Russie, en Allemagne, en Chine, dont l'autorité sur les sociétés ne devait plus rien à Dieu mais tout à l'idéologie et à la force. L'hétéronomie n'a pas été vaincue : ici elle garde ses formes les plus archaïques (comme en Afghanistan), là elle en a inventé de nouvelles (comme en Chine) ou les a même renouvelées (comme en Russie).

Se dessinent ainsi sous nos yeux de grandes lignes de fracture qui divisent la planète, une nouvelle tectonique des plaques qui structure une géopolitique vraisemblablement durable et probablement tumultueuse. De nouvelles tragédies s'écrivent dans le sang sous nos yeux : révolte démocratique en Iran, guerre impérialiste en Ukraine. Ces lignes de fracture sont religieuses, politiques et idéologiques, mais elles sont plus fondamentalement et sur la longue durée de *nature anthropologique*. Le passage du paléolithique au néolithique nous avait rendu les religions des chasseurs-cueilleurs inaccessibles, et le passage à l'autonomie nous rend aujourd'hui incompréhensible la manière de penser et de se comporter de ces va-nu-pieds partis pour les croisades, comme de ces jeunes hommes détournant des avions de ligne pour les précipiter sur une ville ou se faisant exploser dans une foule.

La nouveauté est que ces fractures passent dorénavant à l'intérieur même de notre société et de notre école, du fait de l'établissement en Europe occidentale de diasporas nombreuses venues de pays marqués par la prégnance constante de l'autorité religieuse. Dans nos classes, une sorte de guérilla se développe aujourd'hui entre certains élèves musulmans qui contestent, au nom de la parole divine, de l'hétéronomie, les principes et les lois de l'autonomie définis par un peuple souverain. Les objets de ces affrontements sont très variés, on l'a vu. L'un d'eux se focalise autour d'un des marqueurs les plus archaïques de l'hétéronomie, celui du voilement des femmes, ou de ses multiples substituts vestimentaires symboliques (foulard, turban, bandeau, abaya, etc.). Étant donné l'importance qu'il a prise dans les médias depuis l'« affaire des foulards » de Creil, il mérite sans conteste qu'on s'y attarde.

Le voilement des femmes

C'est en 1989 en effet, avec l'« affaire des foulards » de Creil, que la question du « voile islamique » s'est invitée pour la première fois dans les médias et dans les débats politiques. La manière dont elle fut temporairement résolue par le gouvernement de l'époque n'est pas très glorieuse pour un pouvoir laïque et républicain : le recours discret mais efficace à une autorité politique et religieuse étrangère, le roi du Maroc, Commandeur des croyants, pour faire pression sur les parents des collégiennes voilées. En 1994, un ministre, François Bayrou, a pris davantage ses responsabilités en enjoignant par circulaire aux chefs d'établissement d'exclure les élèves qui refuseraient d'ôter leur voile ; mais sur une base juridique si faible – ce qu'a rappelé peu après le Conseil d'État... – qu'environ la moitié des exclusions fut invalidée par les tribunaux administratifs, au grand mécontentement des chefs d'établissement, ainsi déjugés et placés devant la difficulté d'apporter, au cas par cas, la preuve d'un comportement prosélyte ou d'une volonté de troubler l'ordre public.

Pendant quinze ans, jusqu'au vote en 2004 par le Parlement de la loi interdisant aux élèves de porter un signe ou une tenue exprimant de manière ostentatoire leur conviction religieuse, cette question a donc focalisé l'attention du public ; sans doute au détriment d'autres aspects, tout aussi préoccupants, de la montée de l'influence islamiste chez une partie des élèves. En 2002, l'ouvrage d'un collectif de professeurs puis, deux ans plus tard, un rapport de l'inspection générale de l'Éducation nationale montrent en effet que la « question du voile » est sans doute l'arbre cachant une forêt d'atteintes bien plus variées, au nom de la religion, à l'enseignement de certaines disciplines et aux règles de la vie scolaire[1]. Parmi elles, la montée d'un nouvel antisémitisme qui, dès les années 1990, pousse une partie des familles juives à changer leurs enfants d'établissement ou à abandonner l'enseignement public, parfois à déménager voire à quitter la France[2]. Ces alertes ont été largement ignorées par les autorités et

1. Emmanuel Brenner, *Les Territoires perdus de la République*, Mille et une nuits, 2002 ; Jean-Pierre Obin (dir.), *Les Signes et manifestations d'appartenance religieuse dans les établissements scolaires*, La Documentation française, 2004.

2. Jérôme Fourquet et Sylvain Manternacht, *L'An prochain à Jérusalem ?*, Éditions de l'Aube, 2016.

même parfois dénigrées ; jusqu'aux attentats de janvier 2015 où l'opinion, médusée, a découvert que dans plusieurs centaines d'établissements les moments de recueillement avaient été troublés par des élèves excusant voire justifiant l'action des assassins.

Quelle signification donner au voile ? Tout d'abord, on peut affirmer que le voile n'a rien d'islamique. La pratique de la dissimulation des femmes au regard des hommes, par leur voilement ou leur claustration, est en effet très antérieure à l'avènement de l'islam. Elle est attestée en Assyrie, où l'obligation pour une femme de cacher ses cheveux est mentionnée, il y a trois mille ans, par des lois attribuées au roi Teglath Phalazar Ier : « Les femmes mariées [...] qui sortent dans les rues n'auront pas leur tête découverte. Les filles d'hommes libres [...] seront voilées [...]. La prostituée ne sera pas voilée, sa tête sera découverte. » Plus d'un millénaire plus tard, Paul de Tarse, le fondateur de la religion chrétienne, justifie l'obligation faite aux femmes de se voiler par la dissymétrie voulue par Dieu entre les hommes et les femmes et par la sujétion des secondes aux premiers : « L'homme ne doit pas se couvrir la tête, parce qu'il est l'image de la gloire de Dieu, tandis que la femme est la gloire de l'homme[1]. »

Quelques siècles plus tard encore, le Coran ne prescrit pas aux femmes de se couvrir les cheveux ou le visage, mais le buste : « Dis aux croyantes/de baisser leur regard/d'être chastes/de ne montrer que l'extérieur de leurs atours/de rabattre leur voile sur leur poitrine[2]. » Ce qui est recommandé dans cette sourate et dans d'autres est un appel à la pudeur, à la maîtrise

1. La Bible, première épître de Paul aux Corinthiens, 11:7.
2. Le Coran, XXIV-31.

de l'instinct sexuel qui a pour parade l'habit décent, ainsi que le partage entre espace public et espace privé. Pourtant et comme l'explique le philosophe et islamologue Abdelwahab Meddeb, « la tradition cléricale a très vite maximalisé ces dispositions minimales (fondées néanmoins sur l'inégalité et l'asymétrie sexuelles) en imposant le voilement complet des femmes et leur réclusion, mettant en place les conditions d'une société fondée sur la séparation des sexes, excluant des affaires de la cité la moitié du genre humain[1] ».

Pour les anthropologues, les raisons de cette tradition résident plus certainement dans les structures de la parenté et la question de l'héritage que dans la volonté divine[2]. Donnons encore la parole sur ce point à Abdelwahab Meddeb, qui fournit une explication lumineuse de la signification du voilement des femmes, non plus théologique mais anthropologique : « C'est la hantise de l'homme face à l'incontrôlable liberté de la femme qui est à l'origine de la prescription du voile. [...] Hantise de l'homme qui ne pourra jamais absolument authentifier l'origine de sa supposée progéniture, par laquelle se transmettent le nom et la fortune[3]. » Car la réalité est bien la suivante : ce sont les femmes qui enfantent les garçons et elles sont les seules à savoir qui en est le père ; et ce sont les garçons qui héritent et les hommes veulent être certains que ces héritiers sont bien de leur sang. C'est là que réside la signification ultime du voile, dans le contrôle de la sexualité des femmes par les hommes

1. Abdelwahab Meddeb, intervention devant la commission parlementaire d'enquête sur le voile intégral, le 10 novembre 2009.

2. Germaine Tillion, *Le Harem et les Cousins*, Seuil, 1966.

3. Abdelwahab Meddeb, intervention devant la commission parlementaire d'enquête sur le voile intégral, le 10 novembre 2009.

pour posséder la certitude de leur filiation. Cette signification vaut hors de toute tradition musulmane. Ainsi, dans la Sicile de la fin du XIXe siècle qui est le cadre du célèbre roman du marquis de Lampedusa *Le Guépard*, Don Calogero, le maire de Donnafugata, cloître sa femme et ne l'autorise à sortir qu'accompagnée, entièrement voilée et seulement pour aller à la messe de 5 heures du matin, quand tout le village dort encore[1].

Contrôler la sexualité des femmes

Il convient donc de resituer l'origine et la signification de la réclusion et du voilement des femmes dans le contexte de sociétés phallocratiques et misogynes, construites sur la séparation et la hiérarchie des sexes et qui considèrent que les femmes doivent se dissimuler pour ne pas risquer de provoquer le désir des hommes ; des sociétés patriarcales et endogames où prévaut en outre l'obsession de la généalogie, qui encouragent le mariage de proximité entre cousins, et où la sexualité des femmes est indissociable de la filiation. Ces conditions et ce contexte sont aujourd'hui encore prégnants dans nombre de zones rurales des pays de l'arc méditerranéen, mais sont en voie d'affaiblissement ailleurs sous l'effet de l'urbanisation et de l'éducation.

Le retour du voilement des femmes – et de leur réclusion ! – dans notre pays témoigne de la permanence de sa signification – le contrôle de la sexualité des femmes –, mais aussi de son adaptation au contexte d'une religion minoritaire. Selon la dernière étude de

1. Giuseppe Tomasi di Lampedusa, *Le Guépard*, Seuil, 1959.

l'Ined et de l'Insee[1], un quart des femmes musulmanes portent le voile en France. Cette proportion a progressé de 8 points en dix ans, elle est plus forte chez les femmes immigrées (+ 14 points en dix ans) que chez les descendantes d'immigrés (+ 4 points). Les prédicateurs politico-religieux venus d'Algérie dans les années 1990, qui ont introduit cette pratique dans les « cités », comme le raconte Bouchera Azzouz dans son autobiographie[2], ont voulu marquer par ce symbole l'appartenance des femmes à une communauté close, et la prémunir ainsi d'une exogamie portant en germe, à l'échelle d'une génération, la perte de l'identité musulmane. Comme pour les prescriptions alimentaires, il s'agit par le voile de *séparer*, d'isoler puis de régner sur une communauté. Comme l'explique benoîtement une autorité religieuse française proche des Frères musulmans : « Dans l'islam, la notion de citoyenneté n'existe pas, mais la notion de communauté est très importante, car reconnaître une communauté, c'est reconnaître les lois qui la régissent. Nous travaillons à ce que la notion de communauté soit reconnue par la République. Alors nous pourrons constituer une communauté islamique appuyée sur les lois que nous avons en commun avec la République et ensuite appliquer nos propres lois à notre communauté[3]. »

On est d'autant plus surpris de l'étonnante complaisance dont font preuve nos gauchistes et nos néoféministes à l'égard de cette manifestation ostentatoire d'une domination patriarcale archaïque. Ici

1. Lucas Drouhot, Patrick Simon et Vincent Tiberj, *La Diversité religieuse en France*, Insee-Références, 2023.
2. Bouchera Azzouz, *Fille de daronne et fière de l'être*, Plon, 2016.
3. Amar Lasfar cité par Hanifa Chérifi, « Impact de l'islamisme à l'école », *Hommes et migrations*, n° 51, 1999.

encore, une étrange alliance politique se noue, en France, entre les militantes de la liberté absolue de la sexualité des femmes et celles qui portent sur elles l'emblème de leur servitude, entre celles qui proclament leur ultra-modernité et celles qui exhibent le symbole de l'archaïsme. Sans compter avec l'insondable bêtise de ceux qui, régulièrement, comparent le voile et la minijupe : « Quand le sage désigne la lune, l'imbécile regarde le doigt », dit le proverbe chinois ; et quand la sénatrice Esther Benbassa regarde le voile... elle n'y voit qu'un bout de tissu[1] !

Lors de la fameuse manifestation « contre l'islamophobie » du 10 novembre 2019 qui a vu défiler côte à côte, sur le pavé parisien, des salafistes barbus en qamis avec leur tapis de prière, les Frères musulmans du CCIF[2] et les gauchistes de LFI, on a vu brandir par des femmes en hijab une pancarte proclamant : « Votre laïcité, notre liberté ». Le retournement du signe était total. Le Conseil de l'Europe l'a d'ailleurs entériné à sa manière deux ans plus tard, en novembre 2021, avec cette affiche d'une femme voilée ayant pour légende : « Le hijab est la liberté ». Combien de temps de telles impostures peuvent-elles durer ?

---

1. Esther Benbassa, « Le voile, pas plus aliénant que la minijupe », *Libération*, 5 avril 2016.

2. Comité contre l'islamophobie en France, dissout en 2021et reconstitué à Bruxelles sous le nom de Comité contre l'islamophobie en Europe.

Conclusion

Poursuivre le combat des Lumières

Une confrontation planétaire entre deux conceptions de l'homme – libre ou soumis – et entre deux idéaux des sociétés humaines – libres de se gouverner ou entravées par les chaînes d'une transcendance – traverse aujourd'hui notre société et notre école. Bien téméraire serait celui qui prétendrait savoir qui l'emportera et à quelle échéance. Il existe toutefois deux certitudes : la victoire ne peut être ni rapide ni seulement française, car l'enjeu que l'on vient de résumer s'inscrit sur le temps long et dans une logique globale. Est-ce à dire que nous sommes impuissants et devons nous résigner ? Certes non ! Le réalisme n'exclut pas la détermination et c'est précisément d'une action résolue et continue dont a besoin le combat pour la Liberté et contre la soumission à l'Autorité.

Les constats inquiétants dressés dans ce livre dessinent en creux les grandes orientations qui devraient être celles de responsables politiques ayant à cœur de préserver la société française du risque de retour à une autorité politique se prévalant d'une transcendance ; celle précisément que les représentants du peuple français ont rejetée le 26 août 1789. Ces responsables devraient avoir l'intelligence d'inscrire la résistance à l'islamisme dans un combat mondial, tout en y assumant le rôle historique de la France comme promoteur des principes de la civilisation des Lumières : la liberté pour les hommes de se gouverner, une citoyenneté détachée de toute attache identitaire, l'égalité de tous en dignité et en droits ; et, puisqu'il s'agit d'un combat de longue durée, de concevoir l'éducation comme sa dimension stratégique.

Deux grandes orientations s'imposent alors pour relever le défi de la pénétration de l'idéologie islamiste dans l'école française : former, accompagner, soutenir et protéger les enseignants, qui dans ce combat sont en première ligne ; et en même temps casser les ghettos scolaires en favorisant une mixité dans les classes sans laquelle l'entre soi socio-ethnoreligieux fera toujours le jeu des ennemis de la liberté. Commençons par celle-là.

Favoriser la mixité sociale

On mesure aujourd'hui les effets sur la société et sur l'école de l'absence durable de véritables politiques favorisant la mixité sociale. Dans les quartiers et les écoles ghettoïsés où règne aujourd'hui l'autarcie culturelle, les propagandistes de l'islamisme sont comme poissons dans l'eau. Malgré les sommes considérables investies, les politiques de la ville et de l'éducation prioritaire n'ont nullement empêché les fractures sociales et territoriales de s'approfondir, comme le montre Jérôme Fourquet[1]. En matière scolaire, l'entre-soi est souvent devenu la règle et les efforts menés pour retrouver de la mixité au sein des classes, comme à Toulouse et à

1. Jérôme Fourquet, *L'Archipel français*, ouvr. cité.

Paris, restent des exceptions, des « expériences » aux effets forcément limités ; notamment par l'existence d'une école privée catholique qui ne se justifie plus par la préoccupation de certaines familles de délivrer une éducation religieuse à leurs enfants, mais qui est devenue clairement une école de classe, et même une école de l'entre-soi socio-ethnique. Ce n'est plus au nom de la laïcité qu'il faudrait revisiter les principes qui ont présidé à la loi Debré de 1962 et aux accords Lang-Couplet de 1992, mais au nom de l'équité, du partage du fardeau social et surtout de la cohésion sociale et de l'intérêt national.

Mieux former les professeurs

Tout montre, dans les enquêtes comme dans les témoignages recueillis, l'importance de l'expérience professionnelle et plus largement de la formation des compétences, éducatives et pédagogiques, dans la capacité des professeurs à prendre en charge les contestations de cours, les transgressions des règles de la vie scolaire et pour combattre leur développement. La formation initiale des enseignants est hélas entièrement à revoir. Le recrutement des instituteurs est passé en trente ans de bac + 3 à bac + 6 en même temps que l'on confiait leur formation à l'université. Qui peut dire aujourd'hui, au regard notamment des comparaisons internationales, le profit qu'en a tiré la France ? Qui peut affirmer qu'en matière de pédagogie ou de laïcité la formation dispensée à l'université est plus pertinente que celle reçue hier dans les écoles normales ? Même en mathématiques et en français et devant des lacunes dramatiques, le ministre Blanquer a dû engager deux plans de remise à niveau des enseignants du primaire.

En 1991, la grande réforme de l'unification du recrutement et de la formation de tous les enseignants au niveau de la licence universitaire, menée par Lionel Jospin, n'a pas été guidée par le pragmatisme mais par l'idéologie et le corporatisme. Sous une triple influence : d'une part celle du lobby universitaire et notamment des syndicats majoritaires du secondaire et du supérieur, et d'autre part celle de syndicats du primaire et de l'enseignement professionnel qui ont rapidement su traduire cette réforme de la formation en espèces sonnantes et trébuchantes, en faisant accéder à la catégorie A de la fonction publique (l'encadrement) les corps dont ils défendaient les intérêts. À cela, on doit ajouter l'action du SGEN-CFDT, un « syndicat général » rassemblant l'ensemble du personnel de l'Éducation nationale sans distinction de corps, et par conséquent ardent partisan du « corps unique enseignant » dont il voyait une première étape dans l'unification des niveaux de formation.

Mais aucun des promoteurs de cette réforme n'a jamais osé prétendre que le niveau des élèves en serait amélioré. Plus généralement, il est révélateur qu'aucune évaluation des effets sur les élèves des élévations successives du niveau de formation des enseignants n'a jamais été engagée par un ministre.

Protéger et soutenir les enseignants

Tous les témoignages recueillis l'attestent : en cas de difficultés avec des élèves ou leurs parents, les enseignants ont besoin d'être aidés et accompagnés, mais aussi et d'abord de se sentir *protégés et soutenus*. Rien ne peut changer – et tout peut encore empirer – dans l'actuel climat d'insécurité professionnelle et parfois personnelle où se trouvent beaucoup d'entre eux. Cela nécessite d'abord de changer radicalement la posture de la hiérarchie et d'abord celle des chefs d'établissement. Comme le dit Marie, la proviseure : « Je pensais qu'on devait travailler avec les profs, on m'a appris à travailler contre eux ! » Il faut oser affirmer que l'idéologie managériale qui préside depuis une vingtaine d'années au recrutement et à la formation du personnel de direction est une calamité pour l'école et pour la France. La question principielle qui devrait orienter en permanence l'action des chefs d'établissement devrait être « Que puis-je faire pour aider mes profs ? » et non « Que dois-je faire pour être bien vu de ma hiérarchie ? » Un regard tourné vers la base et résolu à aider les enseignants, et non un regard dirigé vers le haut et appréhendant le jugement d'un recteur. « Eux aussi ont peur », affirme Rémy-Charles Sirvent, le syndicaliste de l'Unsa, l'organisation qui rassemble la majorité du personnel de direction. La peur n'est jamais bonne conseillère, et comment agir si tout le monde a peur ?

Pour restaurer la sécurité professionnelle des enseignants, il faut commencer par changer et unifier le message adressé par le gouvernement aux grands responsables de l'État, préfets, recteurs et directeurs académiques. On doit tirer à l'Élysée et à Matignon les leçons du manque de coordination entre la police et l'Éducation nationale pour protéger Samuel Paty en octobre 2020[1], comme des dissensions entre le ministère de l'Intérieur et celui de l'Éducation nationale pour

1. Stéphane Simon, *Les derniers jours de Samuel Paty*, Plon, 2023.

s'opposer à la campagne islamiste lancée sur les réseaux sociaux pendant l'été 2022.

Cela nécessiterait au sommet de l'État une vision claire du combat à mener, des stratégies coordonnées entre les ministères et des moyens importants à y consacrer. Dans ce cadre, le ministère de l'Éducation nationale devrait s'interroger sur la manière de mettre fin à sa culture multiséculaire du « pas de vagues », de la paix scolaire et de l'évitement des conflits à tout prix et du « dialogue » comme panacée.

*

Notre analyse ne laisse aucun doute sur la nature de ce qui se passe dans les classes et qui déborde largement le cadre scolaire, et même celui de la France. L'islamisme comme le wokisme, ces idéologies réactionnaires venues l'une du Proche-Orient, l'autre d'outre-Atlantique, plongent leurs racines et se retrouvent dans leur rejet commun de l'universalisme des Lumières. Le président Macron a donc posé le bon diagnostic et a eu raison d'engager les Français à « reprendre le combat des Lumières[1] », si tant est qu'il ait jamais cessé. Car c'est bien de cela qu'il s'agit.

Mais comment faire ? La France ne peut mener seule ce combat, les frontières n'arrêtant plus grand-chose et certainement pas les idées. Il s'agit pourtant d'un combat fondamental. Plus encore que d'une confrontation idéologique, il s'agit d'un affrontement entre deux conceptions de l'homme et des sociétés humaines, d'un combat entre deux anthropologies inconciliables, qui divise aujourd'hui la planète en passant par nos classes.

1. Interview à *Grand Continent*, 16 novembre 2020.

Son issue n'est nullement certaine et la période n'incite guère à un optimisme de commande. Les islamistes ne rejettent pas le progrès scientifique et technique et pensent pouvoir accepter Descartes tout en rejetant Spinoza. Mais peut-on diviser ainsi le libre usage de la raison ? L'utiliser pour maîtriser le monde matériel et le récuser dans le gouvernement des hommes ? Seule sans doute l'histoire apportera un jour une réponse à cette question. Mais rien n'empêche d'écrire aujourd'hui la nôtre sur les tableaux de nos écoles. Encore faut-il le vouloir.

L'école publique, parce qu'elle accueille la grande majorité des élèves musulmans, est pour les islamistes une cible privilégiée. C'est aussi une chance pour la République si nous savons pleinement mobiliser sa vocation émancipatrice comme ont su le faire les républicains de la IIIe République face à un autre obscurantisme. Nos armes sont les mêmes que les leurs : la libre recherche de la vérité, la volonté de transmettre la connaissance, l'apprentissage de l'usage de la raison. N'ayons crainte de les utiliser car il ne s'agit que de poursuivre, dans les conditions toujours nouvelles que nous réserve l'Histoire, le long combat des Lumières contre l'obscurantisme et le fanatisme, pour le progrès et l'émancipation des hommes.

Annexes

Les contestations d'enseignement

Voici les principales situations auxquelles les professeurs font face pendant leur enseignement, classées par fréquences décroissantes et en fonction de la période plus ou moins récente où elles ont été observées. Les chiffres indiquent des « proportions d'enseignants », pourcentages qu'il faut donc rapporter aux 820 000 professeurs exerçant dans les écoles et les établissements publics et privés sous contrat. Ainsi, lorsque 5 % d'enseignants déclarent qu'ils ont observé des contestations, au nom de la religion, lors d'enseignements d'histoire-géographie au cours du premier trimestre 2022-2023, cela signifie concrètement que 41 000 professeurs ont constaté au moins autant de contestations pendant ces trois mois.

Proportion d'enseignants qui ont déjà observé de la part d'élèves des formes de contestation au nom de la religion (en %)	Durant le premier trimestre 2022-23	Pendant l'année scolaire 2021-22	Avant ces périodes	Total
Lors de cours d'éducation à la sexualité ou consacrés à l'égalité filles-garçons ou stéréotypes de genre	6	9	17	32
À propos de la mixité filles-garçons	6	9	16	31
Lors d'enseignements abordant la laïcité	5	9	17	31
Lors de cours d'enseignement moral et civique	5	8	17	30
Lors d'enseignements d'histoire-géographie	5	9	16	30
Relatives à la légitimité de l'enseignant à enseigner certaines questions	6	8	16	29
Lors d'enseignements de sciences de la vie et de la Terre	5	7	15	27

Lors de cours d'éducation physique et sportive	6	7	15	28
Lors d'enseignements de lettres ou de philosophie	4	6	9	19
Lors d'enseignements d'éducation artistique ou musicale	4	6	9	19

Les contestations et transgressions de règles de la vie scolaire

Dans les tableaux qui suivent, un point de pourcentage représente environ 8 200 professeurs.

Le vêtement

Depuis l'application de la loi de 2004, avez-vous observé dans les établissements scolaires où vous avez travaillé les faits suivants de la part d'élèves ou parents d'élèves ? (en %)	Entre septembre 2021 et novembre 2022	Avant cette période	Total	Total en éducation prioritaire
Le port par les élèves de vêtements traditionnels larges comme une abaya ou un qamis	16	11	27	42

Le port de signes religieux ostensibles par des élèves lors de sorties scolaires	14	12	26	45
Le port par les élèves de couvre-chefs à caractère religieux comme un voile ou une kippa	13	10	23	38
Des élèves qui refusent d'ôter leur vêtement à caractère religieux	11	10	21	39
Des élèves qui gardent leur couvre-chef à caractère religieux dans l'enceinte de l'établissement	11	9	20	36
Des élèves encourageant les autres à porter des vêtements marquant une appartenance religieuse	11	8	19	39

L'alimentation

Des demandes que soient servis des menus conformes à des pratiques confessionnelles	21	22	43	57
Des demandes qu'aucune viande ne soit servie avec les légumes dans les assiettes d'élèves	19	17	36	53
L'organisation à la cantine de tables en fonction de la religion des élèves	10	6	16	34

La mixité

Des absences de jeunes filles à des cours de natation pour des raisons religieuses	18	21	39	59
Des absences de jeunes filles à des cours d'éducation physique et sportive pour des raisons religieuses	17	19	36	55
Des refus de donner la main à quelqu'un au nom de convictions religieuses	11	14	25	45

D'autres formes de séparatisme

Des refus d'entrer dans des lieux à caractère religieux lors de sorties scolaires	12	19	31	46
Des absences à des cours de musique au nom de convictions religieuses	9	6	15	33
Des élèves qui prient dans l'enceinte de l'établissement	9	6	15	31
L'instauration de vestiaires ou de toilettes séparés entre élèves en fonction de leur religion	7	6	13	27
Des situations où des élèves auraient soumis à un chantage à la photo des jeunes filles dévoilées dans l'enceinte de l'établissement	8	6	14	32

Cette longue liste d'« atteintes à la laïcité » dans la vie scolaire est impressionnante mais doit être modulée : ces revendications et transgressions au nom de la religion ne constituent pas toujours des atteintes aux règles de la laïcité. Ainsi, soumettre des jeunes filles à un chantage n'est pas une atteinte à la laïcité mais un délit. De même du refus de donner la main à un adulte de sexe opposé dans une sortie scolaire, qui ne transgresse aucune règle mais qui procède simplement d'une sottise puritaine, ou encore des demandes de repas respectant les prescriptions religieuses, qui ne contreviennent pas au principe de laïcité et ne sont nullement interdits aux collectivités territoriales responsables de la restauration scolaire[1]. Il n'empêche, la variété, la fréquence et l'accumulation de ces intrusions de la religion irritent beaucoup de professeurs, de conseillers principaux d'éducation (CPE) et de chefs d'établissement.

1. Circulaire du 16 août 2011 du ministère de l'Intérieur.

Ouvrages cités

Hannah Arendt, *Le Système totalitaire*, Seuil, 1972.

Carine Azzopardi, *Ces petits renoncements qui tuent*, Plon, 2022.

Bouchera Azzouz, *Fille de daronne et fière de l'être*, Plon, 2016.

Florence Bergeaud-Blackler, *Le Marché du halal ou l'Invention d'une tradition*, Seuil, 2017.

Florence Bergeaud-Blackler, *Le Frérisme et ses réseaux, l'enquête*, Odile Jacob, 2023.

Guy Bois, *La Mutation de l'an mil*, Fayard, 1989.

Pierre Bréchon, *Les Valeurs en France*, Presses universitaires de Vincennes, 2020.

Emmanuel Brenner, *Les Territoires perdus de la République*, Mille et une nuits, 2002.

David Di Nota, *J'ai exécuté un chien de l'enfer. Rapport sur l'assassinat de Samuel Paty*, Le Cherche midi, 2021.

Richard Étienne *et al.* (dir.), *Diriger un établissement scolaire*, De Boeck, 2019.

Marc Ferro, *Le Choc de l'islam.* XVIIIe-*XXI*^{e} *siècle*, Odile Jacob, 2018.

Caroline Fourest, *Génération offensée*, Grasset, 2019.

Jérôme Fourquet et Sylvain Manternacht, *L'An prochain à Jérusalem ?*, L'Aube, 2016.

Jérôme Fourquet, *L'Archipel français. Naissance d'une nation multiple et divisée*, Seuil, 2019.
Olivier Galland et Anne Muxel, *La Tentation radicale*, PUF, 2018.
Marcel Gauchet, *La Condition historique*, Stock, 2003.
Nathalie Heinich, *Ce que le militantisme fait à la recherche*, Gallimard, 2021.
Catherine Kintzler, *Penser la laïcité*, Minerve, 2014.
Claude Lefort, *Essais sur le politique* (XIXe et XXe *siècles)*, Seuil, 1986.
Hugo Micheron, *Le Jihadisme français. Quartiers, Syrie, prisons*, Gallimard, 2020.
Jean-Pierre Obin (dir.), *Les Signes et manifestations d'appartenance religieuse dans les établissements scolaires*, rapport au ministre de l'Éducation nationale, La Documentation française, 2004.
Jean-Pierre Obin, *Comment on a laissé l'islamisme pénétrer l'école*, Hermann, 2020.
Iannis Roder, *La Jeunesse française, l'école et la République*, L'Observatoire, 2022.
Bernard Rougier, *Les Territoires conquis de l'islamisme*, PUF, 2020.
Pierre-André Taguieff, *L'Islamisme et nous. Penser l'ennemi imprévu*, CNRS Éditions, 2017.
Germaine Tillion, *Le Harem et les Cousins*, Seuil, 1966.
Paul Yonnet, *Voyage au cœur du malaise français*, *L'Artilleur*, 2022.

Table

Du même auteur *(suite)*

Immigration et intégration, Hachette, 1999 (avec Annette Obin-Coulon).

La Formation des enseignants sur le terrain, Hachette, 1998 (avec Alain Bouvier).

Les Établissements scolaires entre l'éthique et la loi (préface de Maurice Vergnaud), Hachette, 1996.

La Face cachée de la formation professionnelle (préface de Martine Aubry), Hachette, 1995.

La Crise de l'organisation scolaire, Hachette, 1993.

Le Projet d'établissement (préface de Michel Rocard), Hachette, 1991 (avec Françoise Cros).

Composition et mise en pages
Nord Compo à Villeneuve-d'Ascq

CET OUVRAGE
A ÉTÉ ACHEVÉ D'IMPRIMER
SUR ROTO-PAGE
PAR L'IMPRIMERIE FLOCH À MAYENNE
EN SEPTEMBRE 2023

N° d'impression : 103313
Imprimé en France